AF401776

DROIT ROMAIN :

DE LA PROPRIÉTÉ

ET

DE L'ADMINISTRATION DES MINES

CHEZ LES ROMAINS

DROIT FRANÇAIS :

DES DÉPENSES OBLIGATOIRES

DES COMMUNES

THÈSE POUR LE DOCTORAT

Soutenue devant la Faculté de Droit de Bordeaux, le 13 janvier 1880,

PAR

ANDRÉ BÉNAC

avocat.

BORDEAUX

IMPRIMERIE G. GOUNOUILHOU

11 — RUE GUIRAUDE — 11

1879

DROIT ROMAIN:

DE LA PROPRIÉTÉ

ET

DE L'ADMINISTRATION DES MINES CHEZ LES ROMAINS

DROIT FRANÇAIS:

DES DÉPENSES OBLIGATOIRES DES COMMUNES

THÈSE POUR LE DOCTORAT

Soutenue devant la Faculté de Droit de Bordeaux, le 15 janvier 1880,

PAR

ANDRÉ BÉNAC

avocat.

BORDEAUX

IMPRIMERIE G. GOUNOUILHOU

II — RUE GUIRAUDE — II

1879

A LA MÉMOIRE DE MON PÈRE

———

A MA MÈRE

———

A CEUX QUI M'AIMENT

BIBLIOGRAPHIE

DROIT ROMAIN

Serrigny. — *Droit public et administratif romain*, t. II.

Dureau de la Malle. — *Economie politique des Romains*.

Ch. Giraud. — *Recherches sur le droit de propriété chez les Romains*.

Maynz. — *Eléments de droit romain*, t. I.

Naquet (Henri). — *Des impôts indirects chez les Romains*.

Soromenho. — *La Table de bronze d'Aljustrel*. (Rapport au ministre de
l'Instruction publique du Portugal. — Lisbonne, 1877.)

Journal des savants. — Avril 1877.

Hubner et Momsen. — *Ephemeris Epigraphica*, t. III, fasc. 3.

Flach (Jacques). — *La Table de bronze d'Aljustrel*. — Paris, 1879.

DROIT FRANÇAIS

Batbie. — *Traité de droit public et administratif*.

Dufour. — *Traité de droit administratif*.

Foucart. — *Eléments de droit public et administratif*.

Aucoc. — *Conférences sur le droit administratif*.

Ducrocq. — *Cours de droit administratif*.

de Cormenin. — *Questions de droit administratif*.

Leber et de Puibusque. — *Code municipal annoté*.

Maurice Block. — *Dictionnaire de l'administration*.

Dalloz. — *Répertoire*, V° *Communes*.

DE LA PROPRIÉTÉ

ET

DE L'ADMINISTRATION DES MINES

CHEZ LES ROMAINS

INTRODUCTION

Les différents peuples de l'antiquité connaissaient la plupart des substances minérales que la science moderne a si diversement utilisées. Nous savons qu'il existait dès une époque très reculée d'importantes exploitations minières, et les écrits des auteurs anciens nous révèlent les diverses opérations par lesquelles on extrayait du minerai le métal qu'il renferme; nous savons même quels procédés étaient employés pour l'affinage de l'or, la réduction du fer à l'état de pureté, la préparation de l'airain. Mais nous avons des notions bien moins exactes, en ce qui touche les règles auxquelles étaient soumises l'exploitation, la propriété, l'administration des mines. Nous n'avons à cet égard que le témoignage de quelques auteurs grecs relativement aux mines de l'Attique et un certain nombre d'écrits de littérateurs, de jurisconsultes pour l'empire romain.

Démosthènes et Xénophon nous apprennent que les mines de la Grèce étaient la propriété de l'État, qui les affermait moyennant une redevance évaluée à un 24ᵉ du produit à l'époque de Thémistocle. Cette redevance fut réduite plus tard, au dire de Démosthènes, pour encourager l'exploitation des mines qui commençait dès cette époque (385 av. J.-C.) à perdre de son importance. Mais les règles relatives à cette exploitation étaient, paraît-il, d'une application si difficile, et donnaient lieu à de si fréquents procès, qu'on avait institué un tribunal [1] composé de juges spéciaux pour connaître des difficultés qui s'élevaient entre l'État et les exploitants. Enfin, Strabon nous apprend qu'au début de l'ère chrétienne, on considérait les mines de l'Attique comme épuisées [2].

Chez les Romains, l'exploitation des mines avait été peu réglementée sous la république; elle le fut davantage sous l'empire. Nous trouvons quelques traces de cette législation dans les monuments du droit romain qui nous ont été conservés, et tout récemment, la découverte de la *Table de bronze d'Aljustrel* a jeté un jour entièrement nouveau sur cette matière, en lui donnant un intérêt d'actualité.

Nous avons essayé, à l'aide de ces divers textes et grâce aux données de l'histoire du droit, aux écrits des littérateurs et

---

[1] On l'appelait : Μεταλλικον δικατεριον.

[2] Voy. Ch. Ledoux : *Le Laurium et les mines d'argent en Grèce. (Revue des Deux-Mondes*, 1ᵉʳ fév. 1872.)

des historiens, de reconstituer aussi exactement que possible le régime légal des mines chez les Romains.

Dans une première partie, nous avons recherché quelle était la condition des mines sous la république et sous l'empire, principalement au point de vue de leur propriété. Dans une deuxième partie, nous avons étudié leur mode d'exploitation et d'administration, en faisant le commentaire de la *Table d'Aljustrel*.

PREMIÈRE PARTIE

DE LA CONDITION LÉGALE DES MINES SOUS LA RÉPUBLIQUE ET SOUS L'EMPIRE

§ I

Le mot *metallum* désignait en droit romain la plupart des substances que notre langue comprend sous le terme générique : *mine*. Il en est quelques-unes cependant qui étaient inconnues ou inexploitées à cette époque, principalement les minéraux combustibles.

L'Italie, s'il faut en croire Pline, ne le cédait en rien aux autres contrées sous le rapport des richesses minérales, mais un sénatus-consulte très ancien en avait interdit l'exploitation [1]. Ainsi se trouverait expliquée l'absence complète de *metalla*, dans toute l'étendue de la Péninsule, jusqu'à une époque assez avancée. Mais il faut reconnaître aussi que le sol de l'Italie n'est pas précisément très riche en gîtes minéraux, et, sauf quelques mines d'argent et de cuivre, on n'y rencontre guère que des solfatares et des mines d'alun. Le sénatus-consulte auquel Pline fait allusion doit se rapporter, d'après l'avis de tous les auteurs, à l'époque des lois somptuaires. Les législateurs d'alors craignirent qu'un accroissement trop rapide de la

---

[1] Pline, *Hist. nat.*, XXXIII, 21.

richesse du peuple romain ne fît perdre à ce peuple les instincts belliqueux, la simplicité des mœurs, l'amour de l'agriculture, qui devaient amener le prodigieux développement de sa puissance.

Cette préoccupation des anciens Romains se trouve confirmée, d'après M. Dureau de La Malle, par l'emploi exclusif que l'on fit à Rome, jusqu'à une époque relativement avancée [1], des lourdes monnaies de cuivre, alors que la plupart des peuples de l'Italie faisaient usage depuis longtemps déjà des monnaies d'argent [2].

C'est seulement dans les provinces que l'exploitation des mines prit un certain développement.

Sous la République, elle était presque exclusivement entre les mains des particuliers. Il y avait cependant quelques mines publiques. Strabon cite notamment les mines d'or de Verceil, dans la Gaule Transpadane [3]; Tite-Live cite les mines de cinabre et de plomb de la Bétique [4].

Comment cette propriété de l'État et des particuliers s'était-elle formée? C'est ce qu'il importe d'établir tout d'abord.

Après la conquête d'une province par les armées romaines, une commission, composée de généraux le plus souvent, réglait la condition qui devait être imposée aux terres et aux habitants [5]. On procédait différemment selon que la résistance avait été plus ou moins opiniâtre, selon que la conquête avait été plus ou moins dispendieuse pour la république. Tantôt les terres étaient distribuées aux soldats ou à la *plebs inops* [6]; tantôt elles étaient affermées pour le compte de l'État moyen-

[1] Environ 385 av. J.-C.
[2] Dureau de La Malle, *Éc. Politique des Romains*, p. 65.
[3] Strabon, livre IV.
[4] Tite-Live, XLV, 18, 21, 29, 40; XLII, 12, 52.
[5] M. Cuq, à son cours de Pandectes.
[6] Plutarque, *Tib. Gracchus*.

nant un *vectigal* (¹) : on les appelait alors *agri vectigales ;* tantôt enfin elles étaient abandonnées à leurs propriétaires, à charge de payer un *stipendium* (²). Dans tous les cas, l'État conservait sur les terres conquises le droit absolu du propriétaire selon le *jus Quiritum.* Les habitants, les soldats, les fermiers n'avaient qu'une possession précaire qui pouvait, dans la rigueur du droit civil, cesser au gré du véritable propriétaire (³).

Mais à côté de ces terres, sur lesquelles le droit supérieur de l'État ne fut jamais contesté parce qu'il avait son origine dans le mode d'acquisition que les Romains considéraient comme la source la plus naturelle du droit de propriété (⁴), il y avait des territoires, des provinces entières qui, par un bénéfice spécial, le *jus Italicum,* avaient été affranchis de l'état de servilité auquel était soumis le sol provincial. Le *jus Italicum* était accordé aux villes, aux contrées qui avaient reconnu la domination romaine, sollicité son protectorat ou favorisé ses conquêtes.

Dès lors, il est facile de se rendre compte de la condition qui dut être faite à l'origine aux *metalla* de l'empire romain.

Les mines privées étaient celles que l'État ne s'était pas réservées. Elles se divisaient en deux classes : les unes jouissant du *jus Italicum,* sur lesquelles l'État ne percevait aucun impôt autre que l'impôt foncier, qui greva les fonds italiques jusqu'après la conquête de la Macédoine; les autres faisant partie du domaine quiritaire de l'État, grevées d'impôts dont la quotité nous est inconnue.

Les mines publiques étaient affermées, nous l'avons dit déjà,

---

(¹) Tite-Live, XXVI, 16 ; XXVIII, 46; XXXI, 13.

(²) Cicéron, *de Leg. agr.*, XI, § 18. Id., *in Verr.*, II, liv. 3, § 8.

(³) Voy. M. Ch. Giraud, *Rech. sur le droit de propriété chez les Romains*, p. 185 et suiv.

(⁴) Gaius, IV, § 17.

moyennant une redevance ou *vectigal* payée par les *conductores,* les fermiers.

Ce qui caractérise à cette époque le régime légal des *metalla,* c'est la liberté absolue dont jouissent les exploitants. Seuls les fermiers de l'État sont tenus de se conformer à certaines règles destinées à maintenir une proportion exacte entre le bénéfice qu'ils retirent et la redevance qu'ils doivent acquitter. Mais nous ne voyons pas, comme en Grèce à la même époque et comme en France sous l'empire de la législation actuelle, l'État s'attribuer le monopole de la propriété et de l'exploitation de tout gisement minéral. Chaque propriétaire a *l'usus* et *l'abusus* de sa chose *usque ad inferos.* De là l'absence complète de règles relatives à l'exploitation des mines, à la condition des ouvriers mineurs. L'État n'intervient que pour le recouvrement de l'impôt. Cet impôt, nous l'avons vu, nous est inconnu quant à sa quotité ; il est probable qu'il devait être proportionné au rendement de l'exploitation et aux conditions qui avaient été imposées à la province après la conquête. Le recouvrement en était confié aux compagnies de publicains. Ces mêmes compagnies affermaient l'exploitation des mines de l'État. Cependant il n'est pas sans exemple de voir ces dernières entre les mains de riches particuliers, témoin cet Antonianus dont parle Pline (¹), qui retirait annuellement 400,000 livres romaines de métal des mines de plomb de la Bétique.

§ II

Sous l'empire, le régime légal des mines ne fut pas sensiblement modifié, mais le nombre des mines publiques augmenta considérablement; on sait qu'alors aucune distinction n'existait entre le Trésor public et le Trésor impérial. Ce mouvement de

(¹) Pline, XXXIV, 49.

concentration signalé par les jurisconsultes et les historiens
tient à plusieurs causes. Il ne faudrait pas croire, comme
certains auteurs, qu'à l'avènement d'Auguste toutes les mines
passèrent dans le *patrimonium Cæsaris*. Ce fait d'une importance si considérable n'est signalé par aucun texte, il est
même démenti, car nous savons que sous l'empire il y eut
encore des mines privées. La vérité sur ce point est que les
empereurs ne négligèrent aucune occasion de se rendre propriétaires des *metalla* de l'empire, et tantôt par confiscation [1],
tantôt par achat ou échange, ils les firent successivement
passer dans le domaine impérial. Le plus souvent ils se con-
tentèrent de faire valoir l'*optimum jus dominii*, dont ils étaient
investis sur toutes les terres non *italiques*, et si cette manière
de procéder, véritable confiscation, violait l'équité et le droit
prétorien, elle était en conformité parfaite avec les principes
du droit civil. De ces quelques observations, qui s'appuient sur
les données de l'histoire et les principes de la législation
romaine, nous pouvons tirer cette conséquence : que sous
l'empire comme sous la république l'État ne se reconnut jamais
un droit supérieur sur la propriété minérale de la nature de
celui que nous avons retrouvé en Grèce, de celui qui existe
enco e en France.

Cette solution, indiquée par plusieurs auteurs, notamment
MM. Serrigny, Dureau de La Malle, Naquet, a rencontré des
adversaires.

On prétend [2] que sous l'empire, l'État avait sur toutes les
mines de l'*orbis Romanus* un droit éminent de propriété qui
subsista même après que Justinien eut aboli toute différence
entre les fonds italiques et les fonds provinciaux par la constitution unique du Code *(Liv. VIII, tit. 25).* Cette réforme, dit-on,

aurait produit des résultats désastreux pour le fisc, si elle avait conféré aux détenteurs du fonds provincial la propriété du tréfonds. Elle laissa certainement les mines dans leur condition antérieure et le droit de l'État ne fut pas amoindri; mais à partir de ce moment il y eut, au-dessous de la propriété superficiaire, un domaine souterrain dont le véritable propriétaire fut l'État.

Ce système, dit-on, ne peut se justifier au point de vue rationnel; il ne peut s'expliquer qu'historiquement. Cependant on invoque une loi 3 au code (Liv. XI, tit. 6) ainsi conçue : « *Cuncti qui per privatorum loca, saxorum venam laboriosis effossionibus persequuntur decimas fisco, decimas etiam domino repræsentent.* » De ce texte il résulterait d'abord que les mines privées étaient *toutes* sujettes à l'impôt. On y voit de plus la consécration formelle du droit de l'État. On s'étonne même de l'indemnité d'un dixième accordée au propriétaire, on y voit une simple faveur. On invoque enfin à l'appui de ce texte le témoignage de Strabon et de la Table d'Aljustrel qui parlent de ventes de mines faites à des particuliers par l'État, ou pour son compte, et un texte de Paul (Loi 4 : *De reb. qui eor. sub tut.* au Dig.) qui suppose un pupille dont la fortune comprend des mines, *de celles*, dit-il, *qu'il est permis aux particuliers de posséder.*

Merlin (¹) propose un système entièrement opposé. Les empereurs, d'après lui, n'auraient jamais été propriétaires de mines. Cette solution est évidemment erronée.

Nous avons vu, au point de vue de l'histoire, comment devait être résolue la question qui nous occupe. Nous allons répondre aux arguments invoqués en faveur du système que nous avons analysé tout à l'heure.

Le texte sur lequel repose toute l'argumentation de nos

(¹) *Quest. de droit,* v° *Mines,* § IV.

adversaires n'a pas la portée générale qu'on veut bien lui attribuer. Il ne vise que les carrières, *venam saxorum,* dit la loi, et nous sommes tout disposé à y voir avec Merlin une mesure exceptionnelle dictée par la nécessité de procurer des matériaux de construction pour les villes de Constantinople et d'Antioche [1].

Mais on dit : le droit supérieur de l'État n'était contesté par personne, et la loi 3 au code, *de Metallariis,* eut pour but d'affirmer ce droit sur des *metalla* qui se trouvaient dans une dépendance plus directe de la surface. Aucune différence ne doit être faite entre les carrières et les autres mines, et l'on en trouve la preuve dans un texte d'Ulpien (L. 3, § 6, *De reb. eor. qui sub tut.*), qui les assimile complètement.

Ce texte peut-il être sérieusement invoqué au point de vue où nous nous plaçons? Il nous sera permis d'en douter. Sa portée n'est pas celle qu'on veut lui attribuer, et du reste nous pourrions répondre par un autre texte du même Ulpien, ainsi conçu (L. 13, § 1, VIII, 4) : *Si constat in tuo agro lapidacinas esse, invito te, nec publico, nec privato nomine quisquam lapidem cædere potest, cui faciendi jus non est.*

Mais nous préférons nous attacher à l'objection qui nous est faite. L'assimilation faite par Ulpien des carrières et des autres *metalla* ne pourrait avoir un intérêt quelconque dans la discussion, qu'autant qu'il serait démontré que l'État avait un droit de propriété sur les *metalla*. Or, c'est là précisément ce qu'il s'agit de prouver.

Quant aux arguments tirés des ventes, que pouvait faire l'État des mines lui appartenant, nous n'y trouvons aucune raison de douter de la solution par nous proposée. Il est bien certain que l'État pouvait vendre les mines dont il avait la propriété,

---

[1] La Constitution fut rendue en effet par les empereurs Gratien, Valentinien, Théodose, en 382.

et dans ces ventes nous ne voyons pas le système de concession qui aurait été adopté infailliblement, si toutes les mines avaient fait partie du domaine impérial. Le texte de **Paul** qui parle de mines qu'il est interdit aux particuliers de posséder, fait allusion sans doute à des mines publiques; mais il reconnaît aussi l'existence de certaines mines privées, puisqu'il suppose qu'elles font partie de la fortune du pupille dont il s'occupe.

Enfin, l'objection tirée du résultat qu'aurait eu pour le fisc l'application de la constitution de Justinien [1] aux fonds provinciaux, ne peut résister à un examen tant soit peu sérieux. Depuis longtemps, en effet, la distinction entre les fonds italiques et les fonds provinciaux n'était plus que nominale; la constitution le reconnaît elle-même, et, si elle n'augmenta pas les droits de l'État, elle ne leur porta aucune atteinte; bien plus, elle procura un réel profit au Trésor en faisant peser l'impôt foncier sur toutes les provinces de l'empire.

Ainsi donc, et pour résumer cette discussion, il est certain que sous l'empire il y eut encore des mines privées; nous trouvons même au Digeste des textes reconnaissant à des particuliers la propriété de certaines mines d'or [2], et c'était cependant sur celles-ci que l'avidité impériale s'était le plus exercée [3]. Il est encore certain que les empereurs réussirent à réunir au fisc le plus grand nombre des *metalla* de l'empire; mais il est possible en fait, et même probable, qu'ils laissèrent la propriété de la superficie aux détenteurs des fonds provinciaux, sur lesquels ils firent valoir leur *jus dominii*. Ainsi se trouva établie la distinction de la propriété superficiaire et de la propriété minérale, et le jour où la constitution *De nudo jure Quiritum* eut fait disparaître le *jus dominii* de l'État sur le fonds provin-

---

(1) Liv. VII, tit. 25 du Code.
(2) L. 13, § 5 *De usufructu et quemad.* — L. 7, § 14, solut. matr. — Digest.
(3) Strabon, liv. III.

cial, la propriété des mines se trouva irrévocablement attribuée à ceux qui les possédaient à cette époque.

L'État n'avait pas à devenir propriétaire des mines qu'il possédait; mais là où cette possession s'exerçait, elle empêcha les détenteurs du fonds provincial d'acquérir la propriété des mines.

Nous trouvons enfin la preuve de ce que nous avons avancé dans le texte suivant, rapporté dans les Basiliques et que nous citerons en terminant : « Un particulier peut être propriétaire » des mines de craie, d'argent ou de toute autre matière. » (Tit. 8, § 10, const. 28.)

Sous l'empire comme sous la république, les mines furent grevées d'un impôt dont nous ne connaissons pas la quotité. Nous avons vu cependant qu'un impôt du dixième était établi sur l'exploitation des carrières, mais nous pensons que cet impôt n'était applicable qu'aux exploitations ouvertes dans les fonds d'autrui. En l'absence d'un texte précis, nous nous refusons à admettre que l'impôt du dixième pût affecter les mines exploitées par leur propriétaire. Quant aux fonds italiques nous avons déjà dit qu'ils ne devaient à l'État d'autre impôt que l'impôt foncier. Cette solution peut être inexacte, et il ne serait pas étonnant que les empereurs eussent songé à tirer profit, au moyen d'une contribution quelconque, des exploitations minérales qui n'étaient pas leur propriété; mais, nous le répétons, il n'y a sur ce point aucun texte formel, sauf la loi 3 au code *de Metallariis*, et nous avons vu quelle était la portée de ce texte. Faisons remarquer ici qu'il serait assez singulier que la loi en question eût accordé le droit à un dixième des produits, au propriétaire du sol où a lieu l'exploitation, si l'État avait été propriétaire de la mine.

Mais si nous ignorons quelle était la quotité de l'impôt sur les mines, nous connaissons un impôt sur les *aurileguli* ou chercheurs d'or. La loi en fixe le montant à sept ou huit *scrupules* (¹), par homme et par an. De plus le fisc s'attribuait le monopole de la vente de l'or trouvé par les *aurileguli*. (L. 12 Code Théod., X, 19.—L. 1 C. Just. *de Metall.* et *Metallis*.) On allouait 2/14ᵉˢ pour le déchet; de sorte que 14 onces d'or brut étaient échangées contre une livre d'or raffiné. (C. Théod., L. 4, X. 19. Code Just., L. 2, *eod. tit.*)

Le recouvrement de ces impôts était confié, nous avons dit, à des compagnies ou sociétés financières qui se chargeaient aussi de l'exploitation des mines publiques moyennant une redevance envers l'État. Cette redevance était, comme le montant de la ferme des impôts, déterminée par un règlement (*Lex censoria*) ou cahier des charges, préparé par les censeurs sous la république et plus tard par les consuls ou délégués impériaux (²).

La ferme était mise en adjudication et concédée au plus offrant enchérisseur; l'adjudication était faite en général pour cinq années. Cette manière de procéder était très usitée chez les Romains, qui pouvaient ainsi tirer un revenu fixe et invariable de leurs impôts indirects.

Mais des garanties étaient nécessaires pour assurer le paiement des sommes, souvent considérables, que les adjudicataires étaient tenus d'acquitter envers l'État. De là tout un système de mesures protectrices qu'il n'est pas sans intérêt de rappeler ici. D'une part on écartait de l'adjudication tous les individus dont les biens ne pouvaient être considérés comme un gage assuré : les tuteurs, curateurs, mineurs de vingt-cinq ans, débiteurs du fisc, etc., et en dernier lieu les décurions ; d'autre part on exigeait de l'adjudicataire, *auctor* ou *manceps,* des cautions personnelles ou réelles (³).

Le chapitre LXIV de la *Table de Malaga* fournit sur ce

(¹) Environ huit à neuf grammes d'or.
(²) Naquet, *Des Imp. indirects chez les Romains,* p. 148.
(³) *Id.*

point de précieux renseignements. Nous y voyons que le *manceps* devait fournir : des *prædes*, des *prædia*, des *prædiorium cognitores* qui répondaient de l'exécution de ses engagements. Le *præs* était une caution spéciale absolument distincte des *fidejussores* et des *sponsores* ou *fidepromissores*, qui affectait sa personne et tous ses biens au gage de l'État. Les *prædia* étaient des fonds de terre appartenant au *manceps* ou au *præs*, et qui étaient spécialement grevés envers l'État soit d'une manière générale, soit *nominatim*, auquel cas il y avait : *prædiorum subsignatio;* enfin, les *prædiorum cognitores* étaient des experts qui répondaient personnellement de l'estimation qu'ils avaient faite des *prædia*. La condition du *præs* était, on le voit, la plus dure de toutes; il pouvait voir ses biens et sa personne discutés par le fisc avant toute poursuite contre le *manceps*, car la *datio prædis* valait paiement. Mais en pratique le *manceps* se portait *præs* de sa propre dette, et s'il était solvable, il pouvait trouver d'autres cautions. Sans cela, jamais personne n'aurait consenti à assumer gratuitement une aussi lourde responsabilité [1]. Ceci nous est attesté par une définition du *manceps* de Festus, rapportée par Paul Diacre et dans laquelle le *manceps* est confondu avec le *præs*. Une inscription recueillie dans le *Corpus Inscriptionum* confirme cette solution si vraisemblable, c'est la *Lex parieti faciundo*. Nous y voyons un certain Glossus désigné comme adjudicataire, et la mention : *idem præs* suit immédiatement son nom.

C'étaient, nous l'avons dit, de riches citoyens qui s'organisaient en sociétés et se rendaient adjudicataires de la ferme des *vectigalia*, parmi lesquels figure l'impôt sur les mines. Ces sociétés avaient des commanditaires [2], des administrateurs

---

[1] M. Cuq, à son cours de Pandectes.
[2] Les bénéfices étaient proportionnés aux apports. (L. 60, § 1, *De Hered. inst.*, Dig.)

(magistri promagistri) [1], un *syndicus* représentant la société. La loi 13, au Dig. *Præscript. verbis*, reconnaît formellement à ces sociétés le caractère de *personne morale*. Les emplois subalternes étaient remplis par des esclaves et des affranchis. Ce personnel, très mal composé, était désigné sous le nom de *familia publicanorum*. C'étaient ces publicains qui avaient répandu partout l'horreur des *Societates vectigalium;* c'est à eux que s'adresse cette phrase de l'historien : *Ubi publicanur, ibi aut jus publicum vanum, aut libertatem sociis nullam* [2].

Les adjudications, avons-nous dit, étaient faites pour cinq ans en général. Il était de principe qu'après ce délai, une adjudication nouvelle devait avoir lieu [3]; mais si aucun adjudicataire ne se présentait, les fermiers pouvaient être tenus de conserver leur ferme aux mêmes conditions [4].

Lorsque ces compagnies voulaient affermer l'exploitation d'une mine, elles devaient faire connaître le nombre des ouvriers qu'elles entendaient y occuper [5]. C'était là, en effet, le seul moyen pour l'État de maintenir constamment une proportion exacte entre la redevance payée et le produit de l'exploitation.

Nous avons vu quel était le régime de la propriété minérale, les impôts auxquels elle était soumise. Nous allons en étudier l'administration et l'exploitation en faisant le commentaire de la *Table d'Aljustrel*.

---

[1] Cicéron, *in Verr.*, II, 70-74; — *Ad Atticum*, V, 15; — *Corp. Inscript. Lat.*, III, 6065.

[2] Tit. Liv., XLV, 18.

[3] Dig., l. IX, § 1, *De Public.*

[4] Paul, Dig., l. II, § 5, *eod. tit.*

[5] Pline, XXXIII, 4.

DEUXIÈME PARTIE

DE L'EXPLOITATION ET DE L'ADMINISTRATION DES MINES

§ I

La *Table de bronze d'Aljustrel* a été découverte en mai 1876, à Aljustrel, province d'Alentejo, district de Béja. Cette table porte la même inscription sur les deux faces, mais elle est brisée dans toute sa longueur, et par un hasard malheureux ce sont les mêmes parties de l'inscription qui manquent des deux côtés. Cependant, comme l'une des faces est gravée en caractères plus gros que ceux de l'autre face, on a pu reconstituer quelques lignes en entier et apprécier par conséquent l'étendue de la partie de l'inscription qui fait défaut. On peut l'évaluer à un tiers environ de l'inscription qui nous est parvenue. La première des deux faces, que l'on désigne généralement par la lettre A, contient 53 lignes. La face B en contient 52. Mais la première ligne de cette dernière correspond à la dixième ligne de la face A ; elle contient par contre 7 lignes qui n'existent pas sur celle-ci.

La découverte du bronze d'Aljustrel a été révélée au monde savant par le rapport de M. Soromenho au ministre de l'instruction publique du Portugal, rapport qui a été communiqué à l'Académie des Sciences morales et politiques, par M. Ch. Giraud [1].

La science épigraphique est arrivée par la combinaison des deux inscriptions de table à reconstituer 60 lignes de texte que l'on a essayé de compléter à l'aide de restitutions assez nombreuses. Citons parmi les principales celle de M. Soromenho [2], celle de MM. Hubner et Momsen [3], celle de M. Flach [4], que nous avons reproduite à la suite de notre étude comme étant la plus complète, la plus conforme au sens et au texte de l'inscription.

Quelle est la valeur juridique du monument dont la science vient de s'enrichir? C'est ce qui doit être établi tout d'abord.

Il suffit d'un examen sommaire de l'inscription pour se convaincre que l'on se trouve en présence d'une loi relative à l'exploitation d'un *metallum* situé à Vipasca, une bourgade de la Lusitanie, dont l'emplacement n'a pu être déterminé exactement, mais que l'on suppose, avec beaucoup de vraisemblance, avoir occupé le territoire des mines d'Aljustrel.

Notre table parle, en effet, d'un *procurator Cæsaris* dont elle règle les devoirs et les attributions; de plus, et c'est un des côtés les plus intéressants de ce monument, elle institue dans le territoire du *metallum* un véritable monopole au profit de certains industriels, dont elle détermine les droits et les obligations envers le public. Or, c'est là une dérogation importante au droit commun. Nous ne connaissions en effet, jusqu'à ce jour, que des pénalités sévères prononcées par les lois romaines contre quiconque aurait entravé la libre concurrence. (L. I au Code, *de Monopoliis*, IV, 59.) Peut-être objectera-t-on que l'interdiction prononcée par la loi contre les monopoles ne

[1] Voy. *Journ. des Savants*, avril 1877.
[2] *Rapport au ministre sur la table d'Aljustrel*. Lisbonne, 1877.
[3] *Eph. Epigr.*, vol. III, fasc. 3.
[4] *La Table de bronze d'Aljustrel*. Paris, 1879.

s'était produite qu'à la suite des abus auxquels cette institution avait dû donner lieu. Nous ne méconnaissons pas la portée de cette observation, mais il est certain que, antérieurement à la loi I *de Monopoliis*, le monopole constituait une atteinte grave à la liberté commerciale, aux principes généraux du droit romain, et nous ne pouvons admettre qu'une institution semblable ait été érigée en principe, dans une partie quelconque de l'empire, en dehors de l'intervention législative. Une loi seule pouvait organiser et délimiter les attributions spéciales d'un *procurator Cæsaris*. Le caractère de notre inscription est donc précisé : c'est une loi. Malheureusement notre table n'est qu'une portion de cette loi. On remarque, en effet, sur la face A le chiffre III et, d'autre part, la dernière phrase de la face B est incomplète. On peut donc affirmer que le monument, dont la table d'Aljustrel faisait partie, comprenait au moins quatre tables de la dimension de celle qui nous est parvenue.

Notre inscription est divisée en neuf chapitres dont voici les rubriques :

    I. *Centesimæ argentariæ stipulationis.*
    II. *Scripturæ præconii.*
    III. *Balinei fruendi.*
    IV. *Sutrini.*
    V. *Tonstrini.*
    VI. *Tabernarum fulloniarum.*
    VII. *Scripturæ scaurariorum et testariorum.*
    VIII. *Ludi magistri.*
    IX. *Usurpationes puteorum sive pittaciarium.*

Les rubriques III à VI sont au génitif, il faut donc pour les expliquer sous-entendre un terme qui devait être précédemment exprimé et que l'on avait négligé de répéter inutilement. Le mot *locatio-conductio* pourrait bien être ce terme sous-entendu ; il s'appliquerait également aux chapitres I, II, VII si on ne veut pas les lire au nominatif. Quant aux rubriques des chapitres VIII et IX, elles sont certainement au nominatif pluriel.

Avant d'expliquer et de commenter ces divers chapitres de la *Table d'Aljustrel*, il est bon de jeter un coup d'œil sur l'ensemble de ses dispositions.

Le *metallum* de Vipasca était la propriété de l'empereur, c'est ce qui nous explique la présence d'un *procurator metallorum* qui, nous l'avons vu, était chargé de la surveillance des mines de l'État. Ce *procurator* n'était pas seulement un surveillant, il était aussi agent de location, mandataire de l'empereur. Mais nous savons cependant que tous les contrats passés par ce fonctionnaire devaient être soumis à l'approbation impériale (L. I, § 1, *de Off. proc. Cæs.* Digesti). Ne pourrait-on, dès lors, admettre avec M. Flach que l'empereur avait fini par conférer d'avance au *procurator* les pouvoirs qui lui manquaient pour engager le fisc, moyennant l'observation de certaines dispositions qui auraient été formulées dans un cahier des charges, applicable à tout l'empire et dont notre table ne serait qu'un exemplaire? Cette conjecture est assez vraisemblable, car nous verrons que le *procurator* pouvait traiter avec les exploitants sans autorisation impériale (lignes 3 et 13 de l'inscription), mais rien dans notre inscription ne vient la confirmer.

Quelle était la circonscription territoriale soumise à la surveillance du *procurator*? Faut-il dire, avec M. Soromenho, que le *procurator* dont parle notre inscription était préposé à tous les *metalla* de la Lusitanie? Le texte de l'inscription semblerait autoriser cette dernière conjecture; on trouve en effet à la deuxième ligne les mots : ... *Procurator metallorum Lu.....* M. Soromenho lit : *Procurator metallorum Lusitaniæ*, mais cette restitution doit être rejetée et nous préférons la leçon ..... *iussu imp...* proposée par MM. Hubner et Momsen. On ne trouve pas en effet en droit romain l'exemple d'un *procurator* préposé aux mines d'une province entière. On trouve bien des *procuratores* des mines d'argent, de fer, d'or (¹), mais jamais un *procurator provinciæ.* Une autre objection a été faite à la restitution de M. Soromenho. On a observé avec raison qu'il était singulier que l'on eût ajouté aux mots *procurator metallorum* le mot *Lusitaniæ,* alors que dans tout le reste de l'inscription ce mot ne se retrouve pas ; et l'on sait que notre table n'est que le troisième fragment de la loi de Vipasca. Enfin nous croyons pouvoir ajouter que les empereurs, qui veillaient si soigneusement à ce que leurs agents fiscaux fussent solvables, n'auraient pas imposé à un seul individu la lourde responsabilité du recouvrement des fermages sur les mines de toute une province. On pense en effet, et cela est même certain, que le *procurator metallorum* devait être responsable envers le fisc ; cela était assez dans les habitudes de l'époque, et nous avons un texte qui ne laisse aucun doute à cet égard. La loi 4 au code *de Metallariis* interdit à tout *curialis* investi des fonctions de *procurator* d'aspirer à toute autre charge avant d'avoir rempli ces fonctions: *fideli solertique devotione.*

A côté du *procurator* nous trouvons dans l'inscription le *conductor*, le fermier du *metallum.* Nous voyons cependant que le *procurator* avait le droit de vendre des puits de mine, ce qui tendrait à prouver qu'il y avait, à côté de l'exploitation par le *conductor*, une exploitation directe sous les ordres du *procurator*, ou du moins des parties du *metallum* non affermées. De plus il est à remarquer que notre table ne parle jamais d'un *conductor* général ; elle prévoit au contraire des locations nombreuses. Faut-il en conclure que l'exploitation était divisée entre ces divers *conductores* qui auraient été directement obligés envers le fisc, ou bien devons-nous admettre, avec les savants épigra-

(¹) *Corp. Inscr. Lat.*, III, 1312, 4809, 5036, 3953, 6575.

phistes, que ces *conductores* n'étaient que des sous-locataires obligés envers un fermier général? Nous hésitons à nous prononcer; si l'on peut invoquer, en effet, en faveur de cette dernière conjecture, l'usage habituel des Romains, d'avoir le moins grand nombre possible de débiteurs, on peut faire remarquer en faveur de la première, que le *procurator* qui aurait fait les diverses locations, réalisait précisément les conditions exigées du *conductor* général puisqu'il était responsable.

Quoi qu'il en soit, c'est la condition faite par notre loi à ces *conductores* qui constitue la partie la plus originale et la plus intéressante de l'inscription.

Les redevances payées par les *conductores* au fermier général ou au *procurator* sont assimilées aux *vectigalia; conductor hujus vectigalis* dit la table (ligne 60). Gaius dit aussi *Sed et hi qui salinas, et cretifodinas, et metella habent publicanorum loco sunt.* (L. 13 pr. *de Public. et Vect.* 39, 4, Dig.) Afin de rendre plus productive l'exploitation des mines, l'État, dans le but apparent et peut-être même réel de procurer aux exploitants tous les objets de première nécessité dont ils pourraient avoir besoin, avait institué de véritables monopoles au profit des divers industriels qui exerçaient leur profession dans le *metallum*, à charge de redevance, bien entendu. Le monopole apparaît ici sous la forme d'interdiction faite à quiconque de venir exercer la même profession dans le *metallum*. Dans certains cas, la loi fixe le tarif des prix qui pourront être exigés des acheteurs; elle réglemente l'exercice des divers monopoles.

Le *conductor (auctor* ou *manceps)* était seul responsable envers le fisc, sauf les garanties que l'on pouvait exiger lors de l'adjudication; ses associés n'étaient pas responsables du paiement des fermages, en principe du moins, mais ils avaient le même droit que le *manceps* de procéder à la perception des redevances dont ils s'étaient rendus fermiers. Ce droit de perception existait même au profit des *actores*, c'est-à-dire les agents inférieurs (¹) de la *Societas.* Le paiement effectué entre les mains de ces diverses personnes libérait le débiteur. Ces trois termes *conductor, socius, actor* personnifiaient la société, c'était sa raison sociale. Aussi, dans notre inscription, voyons-nous partout cette expression : *conductor, socius, actorve ejus* pour désigner la société adjudicataire.

Pour en terminer avec ces observations générales, nous examinerons une question qui a donné lieu à certaines difficultés. Il s'agit de la ᴘɪɢɴᴏʀɪs ᴄᴀᴘɪᴏ accordée aux *conductores* par notre loi. (Lignes 16,34-35, 40-41, 45, 53.)

La *pignoris capio* était une action de la loi accordée par une *Lex censoria*, dont la date ne saurait être précisée, aux publicains qui pouvaient, par la prononciation de quelques paroles solennelles, se mettre, de leur propre autorité, en possession des biens de tout débiteur qui refusait le paiement des *vectigalia.* (Gaius, C. IV, § 28.) Cette action disparut avec le système des actions de la Loi et Gaius nous apprend qu'elle fut remplacée par une action fictice, qui permettait au créancier (le publicain) de réclamer *in judicio* le paiement de la somme que le débiteur aurait dû acquitter pour obtenir la libération du *pignus,* du gage dont le publicain se serait emparé par la *pignoris capio.* (Gaius, C. IV, § 32.)

Nous rappelons ici qu'il s'est élevé une controverse sur le point de savoir si la somme que devait fournir le débiteur pour obtenir la libération de son gage était égale ou supérieure au principal de sa dette envers le fisc. M. Maynz (²) tient pour la première solution ; la majorité des auteurs préfère la seconde.

Quoi qu'il en soit, il est certain, d'après le texte de Gaius,

<hr>

(¹) Cic., *In Verr.*, II, 70, III, 41,
(²) Maynz, *Él. de Dr. romain*, t. I, § 130.

qu'une action fictice avait remplacé l'ancienne *pignoris capio*.
Comment expliquer dès lors les termes impératifs de notre loi
et la sanction qui les accompagne ? (Lignes 41-42.) Peut-on
admettre la coexistence d'une *pignoris capio* et de l'action
fictice ? C'est cette solution qui nous paraît devoir être donnée.
L'ancienne *pignoris capio* ne disparut jamais, en effet ; seulement, au lieu de pouvoir s'effectuer comme précédemment au
moyen de quelques paroles solennelles, même en l'absence du
débiteur (Gaius, IV, 29) et en dehors de toute intervention du
magistrat, elle dut, après la disparition des *legis actiones*, être
prononcée par le magistrat ([1]) qui fut autorisé à s'en servir
concurremment avec l'amende *(multa)*. Nous voyons dans notre
Table d'Aljustrel le *conductor* jouir du bénéfice de prononcer
une amende contre ceux qui porteraient atteinte à son monopole, il n'est donc pas extraordinaire que notre *lex* lui ait de
même conféré, en certains cas, le droit de prendre gage. C'est
ainsi que l'on peut concilier notre texte avec le témoignage de
Gaïus.

§ II

I. Centesimae argentariae stipulationis *(Locatio-conductio)*.

Cette rubrique nous révèle une stipulation jusqu'ici restée
inconnue : la *stipulatio argentaria*. Quel était son but? Il suffit
de parcourir le texte de l'inscription pour découvrir que notre
stipulation est relative à une *auctio*, une vente aux enchères.
Nous savons, en effet, que l'individu qui présidait aux enchères,
aux *auctiones*, le commissaire-priseur, était désigné sous le

---

([1]) L. 26, pr. Dig. *de Pignorat. act.* — L. 3, § 1, *De rebus eor. qui sub
tut.* — L. 12, *pro Emptore.* — Loi 3-5 au Code, VI, 54 ; Loi 2-3 au Code,
VIII, 18

nom d'*argentarius ;* cela nous donne le sens de l'expression *argentaria stipulatio ;* elle désigne un contrat dans lequel l'*argentarius* était intéressé. Précisons davantage : dans les habitudes romaines le vendeur n'avait aucune action directe contre l'acheteur aux enchères [1]. Le commissaire-priseur se trouvait l'obligé de l'un et le créancier de l'autre. Il était responsable de l'insolvabilité de l'acheteur [2]. Dès lors une double stipulation intervenait : l'une, dans laquelle l'*argentarius* promettait de rendre tout ce qui aurait été produit par la vente ; l'autre, dans laquelle il stipulait de l'acheteur le montant du prix d'adjudication. Laquelle des deux était la *stipulatio argentaria ?* Sur ce point les auteurs ne sont pas d'accord. MM. Hubner et Momsen pensent que c'est la stipulation du vendeur qui est prévue par notre loi ; MM. Bruns et Flach pensent au contraire, et avec raison selon nous, qu'il s'agit de la stipulation faite par le commissaire-priseur. Il est à remarquer, en effet, que la première stipulation est forcément indéterminée ; au contraire la promesse de l'acheteur est parfaitement déterminée, il s'engage à payer le prix moyennant lequel a eu lieu l'adjudication. Si l'on songe que notre table ne s'occupe de la *stipulatio argentaria* que pour régler les honoraires du *conductor,* les *centesimæ* de l'*argentarius,* on est conduit à penser que la seule stipulation qui ait été visée par la loi, c'est celle faite par l'*argentarius,* parce que seule elle contient un *certum,* le prix de vente, et qu'il est raisonnable d'admettre que les *centesimæ* se calculaient sur ce prix.

La science épigraphique fournit en faveur de notre solution un argument d'une grande importance. Dans les tablettes de cire retrouvées à Pompéi, l'*acceptilatio,* par laquelle le vendeur libère le commissaire-priseur, vise précisément la *stipulatio*

----

(1) L. XVIII, pr. *de Hœred. inst.* Dig.
(2) Momsen, arg. de la L. 40, § 8 *de Statu liberi,* 40, 7.

faite par ce dernier ([1]). Or, si cette stipulation sert au règlement de comptes du vendeur et du commissaire-priseur, à combien plus forte raison doit-elle servir au règlement des honoraires de ce dernier ([2]).

Les *centesimæ* dont parle notre table désignent, en effet, les honoraires de l'*argentarius*. Toutefois cette opinion n'est peut-être pas admise par tout le monde.

On pourrait penser que notre chapitre avait pour but de régler les droits du *conductor* de l'impôt sur les ventes *(centesima rerum venalium)*. Cet impôt avait été établi par Auguste, et c'était, paraît-il, un des plus lucratifs ([3]). Sa quotité avait subi quelques fluctuations; réduit à la moitié, *ducentesima,* par Tibère; supprimé par Caligula pour l'Italie, il est à peu près certain qu'il avait été rétabli vers la fin du premier siècle à son taux primitif. Il serait donc permis de conclure que les *centesimæ argentariæ stipulationis* de notre table ne sont, sous une autre forme, que l'impôt sur les ventes. MM. Hubner et Momsen rejettent cette solution et invoquent un argument qui serait décisif s'il ne pouvait se retourner contre eux. L'impôt sur les ventes était spécial à l'Italie, disent-ils, et ils invoquent cette phrase de Suétone ([4]) : *Ducentesimam auctionum Italiæ remisit (Caligula).* Mais on peut et on doit voir, dans ce texte, la preuve d'une faveur toute spéciale faite à l'Italie, par Caligula, qui voulut la décharger d'un impôt qui pesait sur l'*orbis Romanus*. L'argument de MM. Hubner et Momsen ne peut donc être sérieusement

______

([1]) *La tavolette cerati di Pompei,* 5e tablette, n° 12 et n° 16. Édit. M. Petra.

([2]) Comme conséquence de cette solution, nous devons rejeter la restitution *stipulationum* proposée par MM. Hubner et Momsen et la remplacer par le terme beaucoup plus général : *venditionum,* proposé par M. Soromenho. (Voy. le texte de la table, ligne 1.)

([3]) Tacite, *Ann.,* I, 78.

([4]) Suét., Caligula, 76.

invoqué, et M. Flach a donné, croyons-nous, la véritable solution de la difficulté. Il reconnaît que la *centesima rerum venalium* pouvait existir dans les provinces, mais ce n'est pas cette *centesima* que la table d'Aljustrel a prévue, c'est la commission d'un pour cent qui est attribuée à l'*argentarius* sur le produit des *auctiones*. La profession de l'*argentarius* avait été, comme les autres, monopolisé par le fisc et un seul *argentarius* pouvait présider aux enchères dans le territoire de Vipasca. Dès lors n'y avait-il pas à redouter que le public eût à souffrir des abus de ce monopole? Il est vrai que la table ne nous révèle pas positivement l'existence d'un *argentarius* à Vipasca; mais nous savons qu'elle s'occupe des *auctiones;* nous allons voir qu'elle crée un monopole pour le *præco*, le crieur public. N'est-il pas raisonnable dès lors de décider que la loi s'occupait aussi de l'*argentarius,* qu'elle réglait son monopole? et dès lors le caractère des *centesimæ* de notre chapitre apparaît dans son véritable jour. On redoute l'exagération des prétentions de l'*argentarius* et on assigne à ses honoraires le maximum d'un pour cent. Nous savons d'ailleurs que ce taux d'un pour 100 était généralement admis en Italie (¹). Notre table en fit le taux légal des droits du commissaire-priseur sur les *auctiones*.

En règle, c'était l'acheteur qui payait l'impôt au fisc, le salaire du *præco*, les honoraires de l'*argentarius* et autres frais de la vente (²). La condition faite par notre loi au *conductor* est préférable, la *centesima* lui est due par le vendeur; il est donc sûr d'en obtenir en tous cas le paiement : il n'aura qu'à exercer une retenue sur le prix de vente. Cependant notre inscription semblerait s'opposer à cette solution. Le *conductor* est, en effet, autorisé à stipuler du vendeur. Cette stipulation, d'après

(¹) Cic., *Pro Rabirio Postumo*, XI.
(²) Voy. M. Flach, p. 29.

M. Flach, aurait pour but d'assurer au commissaire-priseur le paiement de ses honoraires, dans le cas où les objets mis en vente seraient retirés ou rachetés par le vendeur. Dans ce cas, en effet, il ne pourrait être question de retenue, puisqu'il n'y aurait pas de prix payé. Cette explication écarte donc toute antinomie entre le droit pour l'*argentarius* de stipuler du vendeur et le droit d'exercer une retenue sur le montant du prix d'adjudication. Ne pourrait-on pas trouver un autre cas où la stipulation de l'*argentarius* aurait son utilité ? Supposons que le vendeur ait exigé une somme de l'*argentarius* contre la remise des objets à vendre, cette hypothèse devait même se présenter fréquemment : que deviendront les honoraires de l'*argentarius* si le prix d'adjudication est égal ou inférieur à la somme avancée par lui ? Dans ce dernier cas, il serait même exposé à subir une perte réelle. Pour éviter cet inconvénient, qui aurait porté préjudice aussi bien aux vendeurs qu'aux *argentarii,* ceux-ci se souciant fort peu de faire des avances sous la garantie souvent illusoire de la remise des objets à vendre dont le prix ne pouvait être exactement fixé, on faisait intervenir une stipulation dans laquelle le vendeur s'engageait à restituer au *conductor* l'excédent de la somme par lui touchée sur le prix d'adjudication, et la *centesima* de ce prix pour le cas où le commissaire-priseur ne pourrait en exercer la retenue.

Les ventes faites par le *procurator metallorum* sont exemptes de la *centesima*. (Lignes 2 et 3.) Mais faut-il dire avec M. Flach que dans ce cas la *centesima* était due par l'acheteur ? La conjecture peut être fondée, mais ce n'est qu'une conjecture.

La table nous parle ensuite d'une vente faite *universaliter.* (Ligne 4.) Faut-il y voir une vente universelle de biens, ou une vente en bloc ? Dans les deux cas, nous ne voyons pas la raison de douter que la *centesima* fût due.

La somme *quæ excepta in auctione erit* (ligne 6) est également sujette à la *centesima*. Que faut-il entendre par cette *excepta summa?* MM. Hubner et Momsen y voient une réserve faite par le vendeur de l'usage ou de l'usufruit de sa chose. M. Flach pense qu'il s'agit d'une somme qui figurait dans la mise à prix et qui ne figure plus dans le prix de vente. M. Bruns, d'après M. Flach, qui critique son opinion, explique l'*excepta summa* par une *datio in solutum*, un paiement en nature.

Nous nous permettrons de hasarder une nouvelle conjecture. Ne pourrait-on voir dans l'*excepta summa* certaines redevances dont les ventes aux enchères auraient été passibles, la *centesima rerum venalium* par exemple, et sur lesquelles le *conductor* aurait prélevé sa commission, bien qu'elles ne figurassent pas dans le prix d'adjudication?

(Ligne 8.) Les mots *de condicione* doivent être entendus dans le sens de vente de gré à gré. C'est l'opinion de tous les auteurs et elle explique parfaitement le texte de notre inscription. Si le vendeur a traité de gré à gré dans les dix jours de l'enchère non suivie d'adjudication, le *conductor* a droit sur le prix de vente au prélèvement de la *centesima*. C'est là encore un cas dans lequel la stipulation dont parle la ligne 5, lui sera particulièrement utile.

Le paiement de la *centesima* doit être effectué (ligne 9) dans le délai de trois jours, à dater de l'adjudication ou de la mise aux enchères, à peine de payer le double de la somme due.

II. Scripturae praeconii *(Localio-conductio).*

Le mot *scriptura* que nous retrouverons au chapitre VII est assez difficile à expliquer. On sait bien qu'il existait un *vectigal ex scriptura*[1], impôt sur le pâturage; que cet impôt

---

[1] Cicéron, *Pro lege Manilia*, VI.

était quelquefois désigné sous le seul nom de *scriptura*[1]; et dès lors on pourrait admettre que dans les pays de montagne, où le *vectigal ex scriptura* était principalement prélevé, on ait donné le nom de *scripturæ* à d'autres *vectigalia*. Mais que d'objections soulève cette conjecture ! Peut-être serait-il permis de penser que le *præco* ou celui qui *præconium conduxerit* avait un registre sur lequel étaient inscrites ses opérations et d'après lequel il percevait sa *merces*. Le mot *scripturæ* désignerait alors ce registre, ces écritures, et cette explication s'appliquerait fort bien à la rubrique du chapitre VII.

La table suppose que le *conductor præconii* n'exerce pas lui-même ses fonctions. C'est là un argument en faveur de l'opinion qui n'admet qu'un *conductor* général pour le *metallum* de Vipasca avec plusieurs *sous-conductores*.

Il y a dans notre chapitre une erreur évidente du graveur, à la ligne 11. On accorde au *præco* deux *centesimæ* si le prix de vente n'excède pas 50 deniers, et une *centesima* si ce prix excède 100 deniers. Il faut évidemment lire deux fois 50 deniers ou 100 deniers, car la même somme devait être répétée.

Le taux de la *merces* du *præco* pour les ventes d'esclaves, varie selon le nombre des esclaves vendus. Il lui est alloué 3 deniers par tête, si le nombre des esclaves est supérieur à 5; nous ne savons pas quelle était sa remise sur les ventes de moindre importance. La même redevance (3 deniers par tête) était applicable aux ventes de bêtes de trait, ânes, chevaux, mulets.

Les ventes faites par le *procurator metallorum* sont exemptes de tout droit en faveur du *præco*. Pour les puits de mine que le *procurator* peut mettre aux enchères, l'acheteur devra un pour cent au *conductor præconii*. (Ligne 16.) C'est cette disposition qui a permis à M. Flach la restitution : *Centesimam ab emptore exigito*. (Ligne 3.)

---

[1] Cicéron, *In Verr. act.* II, 70.

Le *prœco* a droit encore à un denier pour l'annonce ou l'affichage de la liste des objets mis aux enchères. (Ligne 15.)

Le paiement de ses salaires doit être effectué dans les trois jours, à peine de payer double.

Les ventes *de condicione* qui auraient été faites dans les trente jours de la mise aux enchères non suivie d'adjudication, sont soumises à la même redevance envers le *prœco*. Il est donc plus favorisé que l'*argentarius* qui, nous l'avons vu, n'a droit à sa remise en pareil cas, que si la vente a lieu dans les dix jours de l'enchère. L'avantage qui est fait au *prœco* se justifie pleinement si l'on songe qu'il était l'instrument indispensable de la vente aux enchères. C'est lui qui annonçait la vente, qui faisait connaître la qualité, les avantages, la valeur des objets mis aux enchères; de lui dépendait le sort de l'adjudication. Aussi lui accordait-on des remises proportionnelles dans la plupart des cas, pour stimuler son zèle à entraîner les acheteurs.

III. **Balinei fruendi** *(Locatio-conductio).*

Le *metallum Vipascense* avait lui aussi son établissement de bains publics. Le bain était une des nécessités de la vie romaine. Tous les jours, et même plusieurs fois par jour, riches et pauvres allaient au bain.

A côté des établissements dont la munificence des empereurs avait doté la plupart des grandes villes, et dans lesquels on était admis moyennant le *quadrans* légendaire, il y avait des établissements élevés par l'industrie privée, dont les propriétaires devaient réaliser des bénéfices assez honnêtes. Dans notre *metallum*, pareille industrie ne pouvait être affranchie de l'impôt qui pesait sur toutes les autres; aussi voyons-nous un monopole créé au profit du *conductor Balinei*, à charge de redevance, bien entendu.

Nous avions déjà quelques notions sur l'installation des établissements de bains romains, et il est bon de les rappeler ici pour comprendre le sens de notre chapitre. Tout d'abord quelle était la disposition du *Balineum?* Sur ce point, nous trouvons dans l'ouvrage de M. Flach de curieux renseignements. La première salle qui se trouvait à la suite immédiate de l'entrée, était l'*apodyterium;* c'est là qu'on se déshabillait avant de passer dans la deuxième salle *(frigidarium* ou *cella frigidaria),* la salle aux bains froids; elle renfermait un certain nombre de piscines capables de contenir plusieurs baigneurs à la fois. De la piscine on se rendait dans le *tepidarium,* salle constamment tenue à une température douce où des esclaves habillaient les baigneurs après avoir couvert leur corps d'huiles ou de parfums. Du *tepidarium* on pénétrait dans le *caldaruim* ou *hypocaustum,* la salle à bains chauds. « Cette salle était comme suspendue au-dessus d'un souterrain, d'où partaient des conduits de chaleur habilement ménagés dans les parois de la pièce. Les piliers qui supportaient le sol étaient creux, si bien que l'air chaud enveloppait cette salle de toute part; on appelait *hypocaustum* la partie où l'air chaud circulait, et par extension, on désignait sous ce terme toute la salle [1]. » A l'une des extrémités se trouvait la baignoire, *alveus;* au centre, le *labrum,* bassin circulaire un peu plus profond, dont l'usage n'avait jusqu'ici pu être bien exactement déterminé. Nous allons voir que notre salle, sur ce point comme sur tant d'autres, contient d'importantes révélations. Après ces explications, arrivons au texte de notre chapitre.

Nous remarquons tout d'abord que le *Balineum* de Vipasca ne contenait pas toutes les salles dont nous avons fait l'énumération. Il faut songer, en effet, que la population du petit bourg de Vipasca ne devait pas appartenir à la classe riche

[1] Flach, *Table d'Aljustrel,* page 42.

ou aisée du peuple romain; c'étaient en grande partie des esclaves, des affranchis qui habitaient sur le territoire du *metallum;* et dès lors il ne faut pas s'étonner de l'absence du confortable qui pouvait exister dans les grands établissements de bains des villes importantes.

L'établissement de Vipasca comprenait seulement, d'après notre table une salle à bains chauds; il est probable cependant qu'il y avait aussi un *frigidarium,* mais il n'en a pas été fait mention parce que son entretien était peu coûteux. Au contraire, les frais qu'entraînait le chauffage de l'*hypocaustum* étaient assez considérables, il y avait un matériel à entretenir, et la loi sur ces deux points trace des règles impérieuses au *conductor.* Il doit pendant toute la durée de son bail chauffer quotidiennement le *Balineum,* de manière à ce qu'il soit ouvert au public de la première heure du jour à la septième, c'est-à-dire midi, et de la huitième heure jusqu'à la deuxième de la nuit, selon qu'il plaira au *procurator* (ligne 21). Le *procurator* a, en cette matière, un pouvoir discrétionnaire.

L'eau doit atteindre constamment dans l'*hypocaustum* la *summa rana* (ligne 21). Il est probable que ces mots désignaient l'orifice du tuyau qui conduisait l'eau chaude dans l'*alveus.* Ces tuyaux pouvaient figurer à leur extrémité le corps ou la tête d'un animal, de là les mots *summa rana.* C'est là, du moins, l'explication donnée par M. Flach; nous la reproduisons sans commentaires. Dans le *labrum,* ce bassin dont l'usage ne pouvait être déterminé, l'eau doit couler à grands flots (ligne 22). Cette indication est précieuse; elle a permis de penser que ce *labrum* n'était qu'un bassin à douches dans lequel on se plongeait à la sortie de l'*alveus* (1).

Il y avait, avons-nous dit, un matériel qui était la propriété du fisc, et dont l'entretien devait être assuré. Notre loi dispose

(1) Voy. M. Flach, page 44.

en effet que tous les mois le *conductor* doit *lavare, tergere, unguere* les chaudières d'airain dont il fait usage (L. 26); il doit en outre rendre en bon état, à la fin de son bail, le matériel qui lui a été confié; il ne répond pas toutefois des dégradations provenant de la vétusté, et probablement des cas de force majeure. C'est évidemment à cette dernière hypothèse que se réfèrent les mots de la ligne 27, qui autorisent le *conductor* à *reputare,* imputer sur son prix de location une somme proportionnelle au temps pendant lequel sans doute il n'aura pu livrer son établissement au public. Au reste, toutes les améliorations qu'il pourrait faire ne lui donneraient droit à aucune indemnité.

Afin d'assurer l'exécution de ces diverses obligations, il lui est enjoint d'avoir constamment une provision de bois de chauffage dont nous ne connaissons pas la quantité. S'il diminuait cette provision, il devrait payer au fisc une amende de cent sesterces, *in singulas vehes??* (L. 29, 30, 31.) Une exception est faite cependant pour les *recisamina ramorum quæ ostili idonea non erunt.* Le mot *recisamina* peut être facilement expliqué; son étymologie est *recidere,* et on peut le traduire avec assez de certitude par le mot *déchet, rognure.* Nous voyons dans Pline le mot *recisamenta* employé dans le même sens. Quant au mot *ostili* qui, comme le premier, est entièrement nouveau, faut-il le faire dériver d'*urire* comme M. Hubner, ou du mot *ostillum,* outil, que l'on retrouve dans la basse latinité, comme M. Flach? Nous hésitons à prendre parti, mais il est certain que le sens de ce mot peut être aisément déterminé. Il désigne les appareils de l'établissement auxquels le bois était nécessaire, c'est-à-dire les fourneaux. Si malgré toutes ces mesures de précaution le *Balineum* n'est pas régulièrement ouvert au public, chaque infraction sera passible d'une amende que le *procurator metallorum* pourra prononcer jusqu'à concurrence de 200 sesterces.

Les bains, avons-nous dit, devaient être ouverts dès la

première heure du jour. Mais la matinée était réservée aux bains des femmes. Ainsi se trouvait évitée, dans le *metallum,* la promiscuité qui s'était établie dans tous les établissements de bains à notre époque, malgré les défenses réitérées des empereurs. Il y avait, paraît-il, des établissements qui s'intitulaient *Balinea mixta.*

Le prix du bain était : un *as* pour les femmes, et un *semissis* pour les hommes (**L.** 23). Pourquoi cette différence? Il serait difficile de le dire, et nous n'essaierons pas d'émettre sur ce point des conjectures qui risqueraient fort de n'être pas exactes.

Une exception à notre règle est faite au profit des affranchis et esclaves au service du *procurator* et au service des impubères et des soldats (**L.** 24). C'était une règle généralement admise chez les Romains d'admettre les enfants gratuitement dans les établissements de bains. Il en était de même pour les soldats.

Cette partie de notre inscription semblerait donc faire supposer que notre *metallum* avait une garnison militaire. MM. Hubner et Flach pensent qu'il s'agit simplement d'une escorte qui accompagnait le *procurator* dans ses tournées d'inspection. Cette conjecture peut être fondée. Mais pourquoi ne pas admettre que dans une exploitation minérale d'une certaine importance la présence d'un corps de troupes pouvait être nécessaire au maintien de l'ordre, surtout si l'on songe à la composition de la population des *metalla* et à la surveillance qui devait nécessairement s'exercer sur les *metallarii* qui avaient été envoyés dans la mine à titre de peine, comme nous le verrons plus tard?

IV. **Sutrini** *(Locatio-conductio).*

Il s'agit de la profession de cordonnier. Notre chapitre en fait un monopole. Défense est faite à tout individu autre que le *conductor* ou son associé, ou son *actor,* de mettre en vente et réparer la chaussure. A peine cette concession est-elle faite aux esclaves qui travaillent pour eux ou pour leurs maîtres. Toute atteinte portée à ce monopole est punie d'une amende du double de la valeur des objets vendus ou des réparations effectuées (L. 33, 34).

Mais pour jouir de son monopole, le *conductor sutrini* doit avoir un assortiment complet de chaussures ; il doit notamment vendre le *clavom ex lege ferrariarum*, et le *clavus caligaris* (L. 32, 34). La *lex ferrariarum* dont il est ici question serait, d'après M. Flach, une loi générale applicable à toutes les mines de fer. Nous n'apercevons pas très bien quelle règle cette loi pouvait édicter relativement à la vente des clous, mais il nous est impossible de fournir une explication meilleure.

Quant au *clavus caligaris* dont parle la loi, c'était un clou dépassant la semelle et dont faisaient usage les militaires ; il est probable que la chaussure des *metallarii* était garnie de ces *clavi caligares;* de là la mention spéciale qui en est faite.

Le *conductor sutrini* avait droit à la *pignoris capio* (L. 35). Mais son droit au monopole disparaissait si son assortiment de clous et de chaussures n'était pas conforme à la loi.

V. **Tonstrini** *(Locatio-conductio).*

La profession de barbier était une des plus lucratives à Rome, depuis que le relâchement des mœurs avait compliqué, au point d'en faire un art, le métier des *tonsores,* auxquels les Romains confiaient le soin de leur toilette. D'après M. Flach, un barbier devait toujours avoir à sa disposition les ciseaux *(auxiciœ, forfex),* le rasoir *(culter, novacula),* les pinces, épiloirs *(volsellœ),* le fer à friser *(calamistrum),* le couteau à ongles *(cultellus tonsorius).* C'étaient là les *ferramenta tonsoria* dont parle notre inscription, c'étaient les armes du *tonsor.* Le monopole dont jouit le *conductor tonstrini* est nettement défini dans les premières lignes de notre chapitre. Quiconque viendrait priver le *conductor* de la *merces* à laquelle il a le droit de prétendre, encourrait une amende dont la quotité nous est inconnue et s'exposerait à la confiscation de ses *ferramenta tonsoria*. (Lignes 38 et 39.)

Ici encore une exception à la règle existe au profit des esclaves. Ils peuvent servir de *tonsores* à leurs maîtres et à leurs *conservi*. On sait, en effet, que les Romains attachaient un grand prix aux esclaves *tonsores*.

Il est enjoint au *conductor* d'avoir un ou plusieurs *artifices* afin de pouvoir suffire aux exigences des clients. Il est probable que son droit au monopole disparaissait si cette règle n'était pas observée. (Ligne 42.)

Les *circitores* dont parle notre loi (ligne 40), nous étaient connus pour exercer d'autres professions (¹). Ce devaient être des *artifices* qui se rendaient à domicile. Si la restitution proposée est exacte, ces *circitores* n'avaient le droit d'exercer la profession de *tonsor* que s'ils étaient à la solde du *conductor tonstrini*.

Ce *conductor* a, lui aussi, une *pignoris capio*, et si quelqu'un s'oppose à l'exercice de cette action, il devra payer une amende de 5 deniers. (Ligne 41.)

VI. **Tabernarum fulloniarum** *(Locatio-conductio).*

Les établissements de foulon étaient très nombreux dans l'empire romain. Les *fontani* ou *fullones* formaient une corporation très importante dont l'organisation intérieure nous a été révélée par une inscription découverte au xviie siècle et commentée par M. Ruddorf en 1850 (²).

(¹) L. 5, § 4, *de Instit. act.*, 14, 3, Dig. — L. 6, § 1, *de Excusat.*, 27, 1, Dig.
(²) M. Cuq, à son cours.

Le métier de foulon comprenait la vente des vêtements neufs et surtout le lavage et le blanchissage. Les tuniques, les toges blanches des Romains devaient, en effet, se salir assez rapidement; c'est aux foulons qu'étaient dévolus le lavage et le dégraissage de ces tuniques. Nous savons même qu'ils leur faisaient subir un blanchissage à la craie dans un établissement spécial : la *cretulentium* [1]. A Vipasca les *fullones* avaient un monopole pour les *vestimenta rudia vel recurata*. Faut-il traduire ces mots selon les règles de la langue classique ou dire avec M. Flach que les *fullones* avaient la vente des vêtements neufs (*rudia* est pris dans ce sens, paraît-il, dans l'édit de Dioclétien) et le monopole du dégraissage ? *Recurare* pourrait bien, en effet, avoir cette signification dans la langue corrompue de notre texte; les explications que nous avons données sur le métier des foulons semblent même autoriser cette interprétation, cependant elle est purement conjecturale.

VII. **Scripturae scaurariorum et testariorum** *(Locatio-conductio)*.

Nous avons précédemment exposé les difficultés que présente la traduction du mot *scriptura*, et nous avons proposé de le traduire tout simplement par le mot : *écriture, registre;* cette signification s'adapte encore mieux, s'il est possible, à notre rubrique qu'à celle du chapitre II. Il s'agit, en effet, d'une redevance mensuelle que devaient acquitter les exploitants, et qui était calculée à raison du nombre d'ouvriers employés. De plus, nous voyons que chaque mois le nombre de ces ouvriers doit être déclaré à peine d'amende.

De ces indications, fournies par notre table elle-même, on peut facilement induire que les ouvriers étaient engagés par les exploitants pour un ou plusieurs mois, que le nombre de

[1] M. Cuq, à son cours.

ces ouvriers était essentiellement variable, et que pour se tenir au courant des redevances à percevoir, le *conductor* devait avoir un registre sur lequel figuraient les noms des exploitants, avec la mention, renouvelée chaque mois, du nombre déclaré des ouvriers et de la redevance à percevoir. Dès lors, on comprend le sens de notre rubrique; puisque c'est en vertu de ces écritures, en vertu du compte ouvert aux exploitants, que se fait la perception de la redevance, ce que le fisc a affermé, c'est le droit aux écritures. Ainsi s'expliquent les mots : *scripturae scaurariorum et testariorum,* sans que l'on soit obligé d'attribuer au mot *scriptura,* comme l'a fait M. Flach, une signification fort douteuse.

Qu'étaient les *Scaurarii* et les *Testarii?* Sur ce point règne une certaine obscurité. MM. Flach et Hubner voient dans les *scaurarii,* les ouvriers qui traitent le minerai, ils se fondent sur ce que le mot *scauriœ* (d'où *scaurarii*) ne peut désigner que le minerai, car les écrits de Pline, de Diodore de Sicile sur l'exploitation des mines ne s'occupent pas des scories, des résidus que les anciens ne savaient pas utiliser. De plus, disent-ils, notre loi n'aurait pas consacré un chapitre spécial aux ouvriers qui traitent les scories, les résidus, alors qu'elle ne s'occupe pas du tout des ouvriers employés à l'extraction et à la préparation du minerai. Nous répondons tout de suite à cette dernière observation. On a oublié que notre table était la troisième partie de la loi, et que cette loi faite, en vue d'un *metallum,* devait s'occuper tout d'abord, dans ses premiers chapitres, de l'exploitation proprement dite, et par conséquent des ouvriers occupés à traiter le minerai; et cette remarque nous conduit à décider que, si la loi avait traité cette matière, la plus importante de toutes, dans un *metallum,* après avoir prévu et réglé le monopole des foulons, des coiffeurs, des cordonniers, etc., elle n'eût pas été logiquement conçue et rédigée. En outre, s'il est vrai que les anciens ne savaient pas en général traiter les scories, et l'exploitation des mines du Laurium en Grèce le démontre clairement[1], il faut bien reconnaître que cette règle était susceptible de recevoir exception. Si l'on songe en effet que notre loi remonte au premier siècle de notre ère, c'est-à-dire à une époque où l'industrie avait déjà fait quelques progrès, on peut admettre que les exploitants du *metallum Vipascence* savaient utiliser les scories ; ce fait nous est attesté, du reste, par l'absence complète de ces résidus, dans les mines d'Aljustrel que l'on considère avec raison comme occupant le territoire du *vicus Vipascensis* dont notre loi a relevé l'existence.

Nous pensons donc que les *scaurarii* sont les ouvriers qui traitent les scories, les résidus. On verra au cours de ce chapitre combien cette explication rend mieux compte de certaines particularités que nous signalerons.

Quant aux *testarii*, nous verrons plus tard ce qu'il faut entendre par ce mot.

Pline a décrit l'opération par laquelle les métaux étaient extraits du minerai. (Ch. 33 et 34, *Hist. nat.*) Cette opération est encore mentionnée par un géographe grec, Agatharchidès, dont le témoignage nous a été conservé par Diodore de Sicile (III, 12, 14). Les indications qu'ils nous fournissent, vont servir à compléter les renseignements que nous donne notre table.

Les *scauriæ* étaient séparées de la gangue terreuse *(purgare)*, brisées au marteau *(tundere)*, grillées *(urere)*, pilées dans les mortiers *(expedire, frangere)*, criblées *(cernere)*, et enfin lavées *(lavare)* [2]. (Lignes 47 et 48.) Les ouvriers employés à ces

---

[1] Voy. Ch. Ledoux, *Revue des Deux-Mondes*, 1er fév. 1877.

[2] Les trois mots *purgare, tundere, urere*, ont été restitués par M. Flach ; ils désignent trois opérations qui devaient nécessairement précéder celles qui sont désignées par les mots : *expedire, frangere, cernere, lavare.* Le lavage que l'on faisait subir aux *scauriæ* nous démontre bien que ce mot ne peut désigner que des scories ou du minerai pauvre. Le minerai riche devait en effet, comme aujourd'hui, être envoyé directement aux fours de réduction.

diverses opérations sont les *scaurarii*, mais leur industrie s'exerce également sur la *pulvis ex scaureis* et sur les *rutramina* (Ligne 47) Ce mot *rutramina* est très difficile à expliquer, si l'on entend par *scauriæ* le minerai proprement dit. M. Flach pense que ce mot désigne les boues ou fragments de toutes sorte par opposition au minerai, *scauriæ*. M. Hubner croit y reconnaître l'état du minerai qui aurait déjà subi une préparation au marteau (*rutrum*), mais ce mot *rutrum* ne désigne pas un marteau, mais bien un instrument tenant le milieu entre la pelle et la pioche[1], qui devait probablement servir à l'enlèvement du minerai. Les *rutramina* seraient donc simplement les déchets, fragments, poussières, que l'on séparait du minerai. Les blocs de minerai étaient traités d'une certaine manière que nous ne connaissons pas, les *rutramina* étaient abandonnés aux *scaurarii*[2].

Nous rencontrons dans notre chapitre (ligne 47) les mots *ad mensurampondusve*. Il s'agirait, d'après MM. Hubner et Momsen, d'une limitation apportée au travail des *scaurarii*. Nous préférons, sur ce point, l'opinion de M. Flach, qui reconnaît dans ces termes un moyen d'évaluation des salaires des ouvriers et peut-être aussi un moyen de contrôle sur les *flatores* chargés de fondre le métal obtenu par les *scaurarii*. Après ces diverses explications, le sens du paragraphe premier de notre chapitre peut être facilement saisi. Il oblige ceux qui veulent traiter les *scauriæ* ou les *rutramina*, à déclarer au *conductor* le nombre d'ouvriers et d'esclaves qu'ils entendent employer à ce travail, et à payer chaque mois une redevance, calculée sur le nombre

---

[1] Voy. M. Flach.

[2] D'après un passage d'Agricola (*de Re metallica*, livre VI, p. 110) cité par M. Flach, le *rutrum* servait à enlever du puits de mine, la terre, la gangue du minerai. Ailleurs, le même Agricola décrit le *rutrum* comme servant à écumer les bains métalliques. D'après cela, les *rutramina* pouvaient être les boues, ou terres extraites des puits, ou bien les écumes enlevées aux bains métalliques.

d'ouvriers et dont le montant ne peut être fixé, vu l'état matériel de l'inscription. La déclaration doit avoir lieu dans les trois jours de la mise en exploitation, le paiement doit être effectué la veille de chaque mois. Toute contravention à ces règles est punie d'amende.

Notre paragraphe soumet aux mêmes règles ceux qui exploitent les *lapides lausiæ in lapicædinis*. Les *lapides lausiæ* sont très probablement des ardoises. On a remarqué, en effet, qu'il en existait des carrières très abondantes dans les mines d'Aljustrel. De plus, M. Soromenho rapporte que, dans la langue portugaise, on désigne les ardoises sous le nom de *pedras de lousa* (¹). On pense que les ouvriers employés dans ces carrières étaient les *testarii* dont parle notre rubrique. Il ne peut en être autrement, puisque c'est la seule exploitation prévue par la loi après celle des *scauriæ*. Mais pourquoi ce nom de *testarii ?* Était-ce parce qu'ils procédaient à l'extraction des blocs d'ardoises, que Pline appelle *testæ ? (Hist. nat.*, 36, § 167.) Était-ce à cause de l'usage qu'auraient fait les Romains des ardoises, pour la couverture de leurs habitations (²)? Nous n'essaierons pas de le dire. Peu nous importe après tout l'étymologie du mot, puisque nous connaissons sa signification.

Un autre mot qu'il nous est également impossible d'expliquer, c'est le mot *ubertumbis* (ligne 50). Mais ici encore le sens de la phrase qui renferme ce mot est facilement saisissable. La loi prescrit de payer au *conductor* un denier par 100 livres (env. 32 kilog. 700) de *scauriæ* ou de *rutramina*, importées dans le metallum, *ex aliis locis ubertumbis*. Cette prescription se conçoit aisément. Le *conductor* devait avoir probablement un droit sur le produit de l'extraction de ces matières. Si l'extraction avait lieu hors des *fines metalli,* ce droit était

---

(¹) Soromenho, op. cit., p. 6.
(²) *Testa* répond en effet au mot *tuile.*

remplacé par un droit d'entrée. Le paiement de ce droit doit avoir lieu immédiatement, à peine d'une amende du double.

Enfin, pour le paiement des diverses redevances que notre chapitre lui accorde, le *conductor* a droit à la *pignoris capio;* et dans le cas où il serait obligé d'y recourir, toutes les *scauriæ,* les *lapides lausiæ,* exploitées en contravention, sont confisquées à son profit. C'est du moins la solution qu'il convient de donner, si la restitution proposée (ligne 54) est exacte, comme cela est vraisemblable.

Notre chapitre contient lui aussi une exception. Elle est faite au profit des esclaves ou affranchis des *flatores* employés *in flaturis dominorum patronorumve.* Quel est le sens et la portée de cette exception?

Les *flatores* sont les fondeurs. C'est à eux qu'était remis le métal obtenu par le lavage des *scauriæ.* Il est probable que le minerai riche, celui qu'on extrayait directement de la mine, leur était remis sans avoir subi de préparation préalable, et, avant de le fondre, ils le soumettaient à un traitement du genre de celui qu'on faisait subir aux *scauriæ* (¹). C'est pour ce traitement préparatoire qu'ils peuvent employer leurs esclaves ou affranchis, sans avoir de redevance à payer au *conductor.*

VIII. **Ludi magistri.**

Ce chapitre est assez laconique. Il ne contient que ces quelques mots : *Ludi magistros a procuratore metallorum immunes esse placet.*

Quel sens faut-il attribuer à cette règle? Sur ce point, les savants épigraphistes ont émis des conjectures assez contra-

---

(¹) Cette explication, que nous empruntons à M. Flach, se concilie assez peu avec la traduction que cet auteur propose pour le mot *scauriæ.* Elle confirme, au contraire, l'opinion émise par nous sur le genre d'occupations des *scaurarii.*

dictoires. M. Flach voit dans nos chapitres une exemption des *munera civilia,* c'est-à-dire des charges communales ; et, de cette solution, il déduit que le *metallum* de Vipasca jouissait d'une certaine organisation municipale, dont l'élément essentiel n'était autre que le pouvoir du *procurator metallorum.* MM. Hubner et Momsen pensent que l'*immunitas* des *ludi magistri* s'étendait même aux *onera publica.* Ces conjectures peuvent être fondées et nous reconnaissons qu'elles rendent compte du chapitre dont nous nous occupons. Mais nous ferons observer qu'ainsi entendue, cette disposition pourrait être considérée comme déplacée dans une inscription de la nature de la nôtre. Aussi croyons-nous pouvoir hasarder, à notre tour, une explication nouvelle qui ne s'appuie sur aucun texte, mais qui du moins a le mérite de la vraisemblance. Le *procurator metallorum,* avons-nous dit, était responsable envers le fisc du recouvrement des *vectigalia,* c'est-à-dire qu'il avait pour mission de servir d'intermédiaire entre les publicains et le Trésor. Spécialement dans le *metallum,* auquel notre loi s'applique, nous l'avons vu investi d'un certain nombre de fonctions assez importantes, et nous allons le voir disposant des puits de mine ; tout nous pousse donc à penser qu'il avait plus que les pouvoirs d'un administrateur ordinaire, et, pour dire toute notre pensée, nous croyons qu'il dépendait de lui de fixer les redevances des divers *conductores,* de déterminer quels métiers, quelles industries seraient sujets à ces redevances. Dès lors notre chapitre n'aurait eu d'autre but que d'apporter une limitation à ce droit de *procurator* et de soustraire les *ludi magistri* aux taxes que celui-ci aurait pu, en vertu de son pouvoir discrétionnaire, faire peser sur eux.

Ce n'est là, nous le répétons, qu'une simple conjecture, qui n'a d'autre mérite que d'expliquer la présence, dans notre loi, de la disposition énigmatique du chapitre VIII.

IX. Usurpationes puteorum sive pittaciarium.

Ce dernier chapitre est malheureusement incomplet. Le fragment que nous possédons donnerait à penser que tout habitant du *metallum* pouvait choisir lui-même ·et occuper l'emplacement sur lequel il voulait ouvrir son exploitation; mais il était obligé de faire une déclaration et d'acquitter un certain droit envers le *conductor*. Nous trouvons la mention d'une *lex metallis dicta* (ligne 59), en conformité de laquelle aura lieu l'occupation du puits de mine. Faut-il décider qu'il s'agit d'une loi générale applicable à tous les *metalla* de l'empire ou simplement de la *lex metalli Vipascencis ?* C'est une question que nous n'essaierons pas de résoudre.

Que faut-il entendre par le mot *pittaciarium* que porte notre rubrique et qui ne se retrouve pas dans le texte du chapitre ? Il est probable que la fin de l'inscription devait nous l'apprendre, mais dans l'état où elle nous est parvenue, il est impossible de le dire. M. Momsen pense qu'il s'agit d'une tablette *(pittacium)*, d'un jalon à l'aide duquel on aurait désigné la limite des concessions assignées aux exploitants. M. Wilmans pense que le *pittacium* était une attestation, une quittance délivrée par le *conductor* à l'acheteur. Tant que le puits n'était pas ouvert, on l'appelait *puteus pittaciaris* (n'existant que sur le papier).

Telle est l'inscription que la *Table d'Aljustrel* nous a fait connaître. Nous pouvons, grâce aux renseignements qu'elle nous fournit, nous faire une idée à peu près exacte de l'exploitation des *metalla* dans l'empire romain, en admettant, ce qui est fort probable, que les règles contenues dans la *lex metalli* que nous avons expliquée, fussent applicables à la généralité des mines de l'État.

Un *procurator Cæsaris,* espèce d'intendant, mandataire du

prince, surveille le *metallum*, en dirige l'exploitation et répond personnellement des redevances ou *vectigalia* des fermiers. L'État n'afferme pas seulement le droit aux produits de la mine, il crée dans l'intérieur du *metallum*, pour faciliter l'exploitation et surtout pour en accroître le rendement, de véritables monopoles dont les *conductores*, placés sous l'autorité du *procurator*, doivent payer une redevance assimilée au *vectigal*.

Tout habitant a le droit de choisir un emplacement et d'y ouvrir un puits moyennant le paiement d'un certain droit au *procurator* ou au *conductor*. Le *procurator* a même le droit de vendre les puits de mine, et les exploitants, dans ce cas, sont affranchis de toute redevance envers le fisc.

Les *metallarii* (*scaurarii*, *flatores*, etc.) sont chargés de l'extraction et de la préparation du minerai; ces manouvriers constituent le troisième et le plus important des éléments de l'exploitation minérale.

Telle est, en quelques mots, l'organisation ordinaire d'un *metallum*.

Nous avons étudié les pouvoirs du *procurator*, les garanties exigées des *conductores*, nous nous occuperons, en terminant, des *metallarii*.

§ III

Les *metallarii* étaient des esclaves, des condamnés ou des affranchis. Ces derniers formaient la corporation des *metallarii*, à laquelle eux et leur descendance étaient attachés à perpétuité. On était *metallarius* de naissance, de même qu'on naissait esclave. Cette corporation était une de ces associations nombreuses qui s'étaient formées dans l'empire romain, et que l'on désignait sous le nom de *collegia* ou *corpora*. A côté des collèges des pontifes, des vestales, des augustales, des augures, il y avait le collège des bouchers, boulangers, bateliers, etc., etc. Comme ces corporations étaient appelées à remplir de véritables fonctions publiques, on finit, pour quelques-unes d'entre elles et dans le but d'assurer leur existence, par interdire à ceux qui en faisaient partie de pouvoir jamais abandonner leur profession [1]. Ainsi fut fait pour les décurions, ainsi pour les *metallarii* [2]. Ces derniers étaient attachés à perpétuelle demeure à telle ou telle exploitation, et ils ne pouvaient l'abandonner sans encourir des pénalités sévères [3]. Ils étaient en tous cas réintégrés dans le *metallum*, lors même, dit la loi 7, Cod. Just. *(de Metallariis)*, qu'ils seraient employés dans le palais impérial.

A côté de ces *metallarii* dont la condition n'était pas, on le voit, des plus heureuses, nous trouvons les condamnés aux mines.

La peine des mines, que les lois romaines prononcent à chaque instant [4], était considérée comme une des moins dures [5] et comportait deux degrés [6] : la condamnation *in metallum*, et la condamnation *in opus metalli*. Le condamné *in metallum* est chargé de lourdes chaînes; il est employé aux plus rudes travaux; s'il s'enfuit ou tente de s'enfuir, il encourt la peine de mort [7]. Le condamné *in opus metalli* a des chaînes plus légères. S'il s'enfuit, il encourt la condamnation *in metallum*.

La condamnation aux mines était perpétuelle ou temporaire. Elle emportait la privation de la liberté et de la cité [8]. Cepen-

---

[1] M. Cuq, à son cours.

[2] L. Ult., Cod. Th. et Just., *de Metallariis*.

[3] Cod. Théod., l. 5, 7, 9, 15, X, 19; — Cod. Just., l. XI, 6.

[4] Cod. Théod., l. 2, *de Pœnis;* — l. 2, *de Lenonib;* — l. 6, *de Decurionibus*.

[5] Dig., l. 8, § 4, 6, 7, XLVIII, 19.

[6] Paul, Sent., V, 17, § 3.

[7] Dig., l. 8, § 6, *de Pœnis*.

[8] Dig. l. 8, § 4, *de Pœnis*.

dant Justinien décida dans une novelle que désormais la condamnation aux mines ne priverait plus le condamné de ses droits civils ([1]). Les condamnés aux mines étaient marqués d'un signe particulier, comme autrefois chez nous on marquait les forçats ([2]).

Les femmes pouvaient aussi bien que les hommes être condamnées aux mines. Nous en avons la preuve dans le texte suivant : *In ministerium metallicorum fœminæ in perpetuum, vel ad tempus, damnari solent : simili modo et in salinas.* Dig. l. 8, § 8, *de Pœnis.* La novelle 22 déjà citée est conçue dans le même sens.

A cette époque où l'on ignorait la plupart des procédés employés de nos jours pour opérer l'extraction du minerai, le travail des ouvriers mineurs était des plus pénibles. Ils étaient obligés d'arracher par miettes les blocs de minerai. De plus, l'absence de toute mesure de salubrité, d'hygiène, de précautions quelconques, le régime barbare auquel ils étaient soumis devaient avoir promptement raison de leurs forces et de leur santé. Bientôt ils devenaient inutiles, lorsqu'ils ne succombaient pas à la tâche. Le fisc ne pouvait se charger d'entretenir des malades, de faire vivre des infirmes; aussi après dix ans de travail dans les mines les condamnés pouvaient être graciés par le gouverneur de la province, si d'ailleurs ils étaient devenus incapables de travailler. (Dig. l. 22, XLVIII, 19.)

([1]) Nov. 22, chap. VIII.
([2]) Dig. l. 2, *de Pœnis.*

TEXTE DE LA TABLE D'ALJUSTREL

RESTITUÉ PAR M. FLACH

Centesimae argentariae stipulationis. Conductor ea
nem intra fines metalli Vipascensis fient, exceptis iis quas proc., metallorum iu
re accipito. Conductor ex pretio puteorum, quos proc. metallorum vendet cen
Si instituta auctione universaliter omnia addicta fuerint nihilo minus venditor c
5 rive eius praestare debeto. Conductori socio actorive eius si volet stipulari a
socius actorve eius [eius] quoque summae quae excepta in auctione erit centisimam exigito.
habuerit, si eas non addixerit et intra dies decem quam sub praecone fuerint de condic
ductori socio actorive eius centisimam d. d. Quod ex hoc capite legis conduct
nisi in triduo proxumo quam debere coeptum erit, datum solutum satisve factum erit du
10 **Scripturae praeconii.** Qui praeconium conduxerit praeconem intra fines praeb
-X- L minorem fecerit centesimas duas, ab eo qui maiorem -X- C fecerit centesimam exig
dederit, si quinque minoremve numerum vendiderit capitularium in singula capita
derit, in singula capita -X- III conductori socio actorive eius dare debeto. Si 'quas
det locabit ve, iis rebus conductor socius actorve eius praeconem praestare debeto. Q
15 dae nomine proposuerit, conductori socio actorive eius -X- I d. d. Puteorum quos
ptor centisimam d. d. Quod si in triduo non dederit duplum d. d. Conductori soc
Qui mulos mulas asinos asinas caballos equas sub praecone vendiderit, in K I -X- III d. d. Q
praeconem subiecerit et intra dies XXX de condicione vendiderit, conductori socio
Balinei fruendi. Conductor balinei sociusve eius omnia sua impensa balineum
20 pr. K Jul. primas, omnibus diebus calfacere et praestare debeto a prima luce in horam septim
in horam secundam noctis viris arbitratu proc. qui metallis praeerit Aquam in
caustis et in labrum tan mulieribus quam viris profluentem recte praestare debet
aeris semisses et a mulieribus singulis asses exigito. Excipiuntur liberti et serv
commoda percipient, item impuberes et milites. Conductor socius actorve eius
25 ei adsignata erunt integra conductione peracta reddere debeto nisi si qua vetustate
utitur lavare tergere unguereque adipe e recenti tricensima quaque die recte debeto
erit, quo minus lavare recte possit, eius temporis prorata pensionem conductor reputare deb
aliut eiusdem balinei exercendi causa fecerit reputare nihil debebit. Conductori ve
bus ramorum quae ostili idonea non erunt ne liceto. Si adversus hoc quid fecerit in singu
30 Si id balineum recte praebitum non erit, tum proc. metallorum multam conductori quo
ad H. S. CC. dicere liceto. Lignum conductor repositum omni tempore habeto quo
Sutrini. Qui calciamentorum quid loramentorumve quae sutores tractare so
rem fixerit venditaveritve sive quid aliut, quod sutores vendere debent vendidis
conductori socio actorive eius duplum d. d. Conductor clavom ex lege ferrariar
35 actorive eius pignus capere liceto. Reficere calciamenta nulli licebit nisi cu
ve. Conductor omne genus calciamentorum praestare debeto : ni ita fecer
esto. **Tonstrini.** Conductor frui debeto ita ne alius in v
territoris eius tonstrinum quaestus causa faciat. Qui ita tonstrinum fecerit in sing
conductori socio actorive eius d. d. et ea ferramenta commissa conductori sunto
40 dominos aut conservos suos curaverint. Circitoribus quos conductor
ductori socio actorive eius pignoris captio esto Qui pignus capientem prohibuerit
debeto Conductor unum pluresve artifices idoneos in portionem recipito
Tabernarum fulloniarum. Vestimenta rudia vel recurata nemini m
cius actorve eius locaverit permiseritve liceto. Qui convictus fuerit adversus ea qui
45 -X- III conductori socio actorive eius d. d. Pignus conductori socio actori
Scripturae scaurariorum et testariorum. Qui in finibus met
as argentarias aerarias pulverem ex scaureis rutramina [ve] ad mensuram pondu
dire frangere cernere lavare volet quive lapicaedinis opus quoquo modo facien
servos mercenariosque mittent, in triduo proxumo profiteantur et solvan
50 intra pr. K quasque : ni ita fecerint duplum d. d. Qui ex aliis locis ubertumbis ae
fines metallorum inferet in p. c. -X- I conductori socio actorive eius d. d. Qu
tori socio actorive eius debebitur neque ea die qua deberi coeptum erit solu
Conductori socio actorive eius pignus capere liceto et quod eius scauriae pu
tum cretum lavatumque erit qui ve lapides lausiae expeditae in lapicaedi
55 quid debitum erit conductori socio actorive eius solutum erit. Ex
flatorum argentariorum aerariorum qui flaturis dominorum patron
Ludi Magistri. Ludi magistros a proc. metallorum immunes ess
Usurpationes puteorum sive pittaciarium. Qui intra fi
que putei iuris retinendi causa usurpabit occupabitve e lege metallis dicta b
60 verit apud conductorem socium actorem ve huiusce vectigalis profiteatu

rum venditionum quae per auctio-
ssu imp. faciet centesimam a vendito-
tesimam ab emptore exigito.
entesimam conductori socio acto-
venditore is promittito. Conductor
Qui quaslibet res sub praecone
ione vendiderit nihilominus con-
ori socio actorive eius debebitur
plum d. d.
eto. Conductor ab eo qui venditionem
ito. Qui mancipia sub praecone venum-
. . . . si maiorem numerum vendi-
res proc. metallorum nomine fisci ven-
ui inventarium cuiusque rei vendun-
proc. metallorum vendiderit em-
io actorive eius pignus cape[re] liceto.
ui mancipia aliamve quam rem *sub*
actorive eius *quod supra dictum d. d.*
quod ita conductum habebit in
am diei mulieribus et ab hora octava
alveum usque ad summam ranam hypo-
o. Conductor a viris singulis
i Caes. qui proc. in offi[c]iis erunt vel
balineum et instrumenta omnia quae
corrupta erunt. Aena quibus
Si qua necessaria refectio impedi
eto. Praeter haec et si quid
ndere ligna nisi ex recisamini-
las vehes H S centenos n. fisco d. d.
tiens recte praebitum non erit usque
d diebus . . . . satis est.
lent fecerit clavomve caliga-
se intra fines convictus erit, is
um vendito. Conductori socio
m sua dominive quis curaverit reficerit-
it unicuique ubi volet emendi ius
ico metalli Vipascensis in ve
ulos ferramentorum usus -X- . . . . .
. . . . . Excipiuntur servi qui
non miserit tondendi ius ne esto. Con-
in singulas prohibitiones -X-. V. d.

ercede polire nisi cui conductor so-
d fecisse in singulas lacinias
ve eius capere liceto.
alli Vipascensis scauri-
sve purgare tundere urere expe-
dum suscipiet quos ad id faciendum
tin K. I -X- . . . *conductori quoque mense*
ris argentive rutramina in
od ex hoc capite legis conduc-
tum satisve factum erit d. d. d.
rgatum tunsum ustum expeditum frac-
nis erunt commissa ei sunto nisi quid
cipiuntur servi et mercennarii
orumve operam dant.
e placet.
nes metalli Vipascensis puteum locum-
iduo proxumo quod usurpaverit occupa-
r . . . .

DROIT FRANÇAIS

DES

DÉPENSES OBLIGATOIRES

DES COMMUNES

DROIT FRANÇAIS

DES

DÉPENSES OBLIGATOIRES

DES COMMUNES

INTRODUCTION

Des deux éléments qui concourent à la formation du budget communal, le chapitre des dépenses est certainement le plus intéressant à étudier. C'est là que viennent figurer, directement ou indirectement, tous les actes, toutes les opérations par lesquels la commune manifeste son existence ; c'est là que l'autorité supérieure, investie par la loi du contrôle et de la tutelle du patrimoine communal, peut intervenir de la manière la plus utile et la plus efficace, pour maintenir dans les limites d'une bonne et sage administration l'exercice du pouvoir municipal. Cette intervention s'exerce, au point de vue spécial où nous nous plaçons, soit par l'imposition obligatoire de certaines dépenses, réclamées par l'intérêt général de la nation ou l'intérêt sainement apprécié de la communauté des habitants, soit par la prohibition d'effectuer certaines dépenses qui greveraient sans utilité les ressources communales.

Nous avons cherché à faire une étude aussi complète que possible, de toutes les dépenses qui dans le système actuel de notre législation peuvent être exigées des communes. Nous avons indiqué tout d'abord les caractères qui les distinguent, les ressources à l'aide desquelles il y est pourvu, soit par la commune, soit d'office par l'autorité supérieure ; nous avons ensuite énuméré ces dépenses obligatoires et donné sur chacune d'elles toutes les explications nécessaires, pour arriver à la solution des difficultés qu'elles soulèvent. Enfin nous avons pensé qu'un aperçu historique était la préface obligée de notre étude, et nous avons essayé, dans cette introduction, de rappeler les diverses dispositions législatives qui ont précédé et préparé le régime légal actuellement applicable à notre matière.

Après que la loi du 14 décembre 1789 eut aboli toutes les anciennes communautés et créé les municipalités nouvelles, on comprit que l'intérêt général, et même celui des communes, exigeait de la part de l'administration supérieure une action réelle, une intervention directe dans l'administration de la fortune communale. Dès 1791 un décret des 29 mars — 3 avril ordonnait aux municipalités de faire parvenir au directoire du district l'état détaillé de leurs recettes et dépenses, avec l'indication des retranchements à opérer, des ressources à créer. Dans la même année un décret des 5-10 août décidait que les communes doivent pourvoir à leurs dépenses locales par des sous additionnels aux contributions, si leurs revenus sont insuffisants. La loi ne disait pas quelles étaient les dépenses locales, et une liberté absolue était laissée aux municipalités à cet égard.

La constitution du 5 fructidor an III, en créant une organisation politique nouvelle, vint modifier les règles tracées dans les décrets de 1791. Désormais il n'existe de municipalités que dans les villes de plus de 5,000 habitants; chaque commune possède une administration communale dont les agents, réunis à ceux des communes du canton, forment l'administration municipale. Cette organisation devait, on le conçoit, amener au point de vue des intérêts respectifs des communes, une certaine confusion que la loi du 15 frimaire an VI eut pour but de faire cesser. Cette loi, dans son article premier, divise les dépenses de l'État en dépenses : générales, départementales, municipales et communales.

Les dépenses municipales sont celles du bureau central, dans les communes où il y a plusieurs municipalités, des justices de paix et autres dépenses intéressant les citoyens du canton.

Les dépenses communales sont celles des écoles primaires, des gardes champêtres, des entretiens de pavé, voirie, les remises des percepteurs et autres dépenses intéressant les citoyens de la commune (art. 4 et 5).

Les dépenses municipales sont à la charge des communes qui composent la municipalité. Les dépenses communales sont à la charge des habitants ou propriétaires de la commune.

La loi du 11 frimaire de l'an VII donna une énumération plus complète des dépenses des communes.

Elle dispose (art. 4) que les dépenses communales quant aux communes faisant partie d'un canton sont celles :

1° De l'entretien du pavé, pour les parties qui ne sont pas grandes routes ;

2° De la voirie et des chemins vicinaux, dans l'étendue de la commune ;

3° De l'entretien de l'horloge, des fontaines, halles et autres édifices publics, si la commune en possède ;

4° Des registres destinés à l'état civil ;

5° De l'entretien des fossés, aqueducs et ponts, à un usage et d'une utilité particuliers à la commune et qui, par leur nature, ne font pas partie des objets compris dans les dépenses générales des travaux publics ;

6° Des frais de la garde des bois communaux ;

7° Des remises à accorder aux percepteurs des contributions foncière et personnelle ;

8° De la contribution foncière des biens communaux, à l'acquit de laquelle il sera toujours pourvu par un article spécial dans l'état des dépenses ;

9° Des frais des reverbères, lanternes, de ceux relatifs aux incendies, de ceux de l'enlèvement des boues et autres objets de sûreté, propreté et salubrité ;

10° Enfin des faux-frais de l'agence municipale en encre, papier, plumes, etc., etc.

Art. 8. — Les dépenses municipales pour les cantons composés de plusieurs communes comprennent :

1° Le traitement du juge de paix et du greffier ;

2° Celui du secrétaire de l'administration municipale ;

3° Celui du ou des commis de la dite administration dans le cas où l'importance du canton en exigerait l'emploi ;

4° La contribution foncière et les réparations de la maison

commune, ou la location du lieu des séances de l'administration, si elle ne possède pas de maison commune ;

5° Les frais de bureau, en papier, encre, plumes, chauffage, lumière, impressions et affiches ;

6° Le port des lettres et paquets par la poste, ou les frais du messager employé à la communication entre l'administration, les agents municipaux des communes et le bureau de poste le plus voisin ;

7° Les frais des fêtes nationales et publiques ;

8° Ceux concernant la garde nationale sédentaire ;

9° Le salaire des gardes champêtres, auxquels il sera autant que possible désigné des arrondissements tels que chacun d'eux puisse suffire au service de plusieurs communes ;

10° Les écoles primaires, à raison du nombre déterminé ou à déterminer par les lois.

Les communes formant à elles seules un canton doivent pourvoir aux dépenses énoncées en l'article 4 et à celles de l'article 8 ; et de plus elles doivent :

1° Le traitement des commissaires de police, des inspecteurs, agents, appariteurs, si la commune en emploie ;

2° Les frais d'administration du bureau central dans les communes où il en existe.

La loi du 11 frimaire an VII règle aussi les diverses recettes que pourront effectuer les communes. Elle prévoit en outre la fixation et le mode d'imposition des dépenses que nous venons d'énumérer. Le titre II de la loi est consacré à cette matière.

La loi du 28 pluviôse an VIII supprima les municipalités de canton et rétablit une administration municipale dans toutes les communes. Mais elle n'abrogea pas les prescriptions de la loi de l'an VII, et les dépenses énumérées par cette loi restèrent à la charge des communes.

Le droit de régler les comptes et budgets des communes, que la loi du 15 frimaire an VI avait conféré à l'administration centrale, fut transporté aux préfets ; et une loi du 4 thermidor an X organisa définitivement le mode de formation des budgets communaux. Le Conseil municipal délibère sur les recettes et dépenses, qui devront être effectuées dans l'exercice suivant. La délibération est soumise au sous-préfet, lequel la transmet, avec son avis, au préfet chargé de régler le budget. (Art. 11 et suiv.) Si une dépense intéresse plusieurs communes, la répartition en est faite par le sous-préfet, qui doit veiller à ce que chaque commune acquitte régulièrement le contingent à sa charge. (Art. 22.)

Cette loi de l'an X, celles du 28 pluviôse an VIII et du 11 frimaire an VII sont les bases de notre législation communale. Quelques dispositions législatives ont, depuis cette époque, apporté des modifications parfois importantes au système que ces lois avaient inauguré ; citons notamment : l'ordonnance du 28 janvier 1815, qui met à la charge des communes les dépenses des bâtiments et occupation de lits militaires, des dépôts de mendicité et des enfants trouvés ; citons encore la loi du 6 frimaire an XIII ; les décrets des 12 août 1806, 27 mars 1807 ; les ordonnances des 28 septembre 1814, 8 août 1821, relatifs aux budgets communaux.

Mais les principes que ces lois avaient posés, ont été respectés par tous les législateurs ; et en 1837 une loi célèbre, la loi du 18 juillet, les a définitivement consacrés. Cette loi règle les attributions du pouvoir municipal : elle donne dans son article 30 l'énumération de toutes les dépenses mises à la charge des communes par un texte de loi ; elle les déclare obligatoires et détermine les moyens dont l'administration supérieure pourra user, afin d'en obtenir l'acquittement.

Mais l'énumération donnée par la loi de 1837 n'est pas limitative, et il existe d'autres dépenses que des lois antérieures ou postérieures ont imposées aux communes. Ces dépenses, que nous ferons connaître, doivent être assimilées complètement à celles de l'art. 30 de la loi de 1837 ; les mêmes règles leur sont applicables, et c'est à l'étude de ces règles que nous allons procéder.

PREMIÈRE PARTIE

———

« Toute dépense qui affecte l'État et les intérêts généraux est
» nécessaire et peut être exigée des communes. Celles-ci
» doivent pourvoir aux dépenses qui ont pour objet l'exécution
» d'une loi, l'accomplissement d'une obligation publique ou
» privée. Enfin parmi les dépenses purement communales,
» le gouvernement a le droit d'imposer celles qui intéressent
» essentiellement l'existence de la commune et dont le refus
» suspendrait pour ainsi dire la vie communale; hors de ces
» catégories la commune rentre dans son droit et ne peut être
» obligée à des dépenses qui n'auraient pas son aveu. » (Rapport
de M. Vivien à la Chambre des députés, 26 avril 1836.)

Il est impossible de préciser mieux les caractères que doit
présenter une dépense pour être déclarée obligatoire. C'est à
raison de ces caractères que l'on s'est demandé souvent pourquoi ces dépenses n'étaient pas mises à la charge de l'État ou
des départements; et lors de la discussion de la loi de 1837
les adversaires du projet de loi, qui considéraient que l'État
devait laisser, au point de vue de leurs intérêts matériels, une
autonomie complète aux communes, avaient proposé la création
d'un fonds commun départemental, destiné à payer les dépenses
obligatoires des communes de chaque département. Ces
dépenses, qu'on voulait imposer au département, auraient bien
pesé indirectement et du même poids sur les ressources
communales, et si l'on veut examiner qui en profite en défini-
tive, on trouve que l'utilité qu'elles présentent ne dépasse pas

les limites de la circonscription territoriale qu'elles affectent ; elles n'intéressent qu'elle, elles doivent donc rester à sa charge.

La seule critique qui pourrait être de ce chef formulée contre la loi, porterait, selon nous, sur la défiance excessive que l'on a montrée à l'égard des communes, à l'occasion de certaines dépenses qu'on pouvait leur laisser le soin de régler selon leur intérêt particulier. Croit-on que jamais une commune se refuse à payer ses employés, à réparer ses monuments, à acquitter ses dettes exigibles? Sur ces divers points et bien d'autres encore, la loi devait se montrer plus confiante dans la sagesse et la prudence des Conseils municipaux. Elle ne l'a pas fait. Nous n'avons pas l'intention de l'en blâmer et de signaler les réformes dont elle est susceptible, nous voulons simplement l'expliquer.

Les communes sont donc tenues d'inscrire à leur budget un certain nombre de dépenses qui leur seront imposées d'office si elles négligent d'y pourvoir. Là est la dérogation la plus grave, mais la plus nécessaire au principe fondamental de l'autonomie communale. A quoi bon, en effet, déclarer obligatoire une dépense, si rien ne sanctionne cette obligation? Il fallait donc armer l'autorité supérieure contre la négligence ou le mauvais vouloir des communes, et la loi l'a fait.

Nous devrions maintenant faire connaître les diverses dépenses obligatoires et examiner ensuite comment il y est pourvu, mais nous préférons intervertir l'ordre de ces explications et nous allons tout d'abord étudier, comment, sous l'empire de notre législation actuelle, les communes doivent acquitter leurs dépenses obligatoires. Nous n'exposerons que des principes généraux applicables indifféremment à toutes les dépenses. Les modifications que ces principes subiraient dans leur application aux dépenses que nous étudierons seront indiquées au cours de cette étude.

Tous les ans, les Conseils municipaux doivent voter les dépenses qui devront être effectuées par la commune; ils doivent établir les recettes d'après ces dépenses. Une liberté presque absolue leur est laissée à cet égard; elle n'a d'autre limite que le droit pour l'autorité supérieure chargée d'approuver le budget, de rejeter les dépenses qui ne paraissent pas conformes à l'intérêt communal, et ce droit n'existe même pas si la commune n'applique à ses dépenses, obligatoires ou facultatives, aucune ressource extraordinaire. (Loi du 24 juillet 1867, art. 2.)

Mais les dépenses déclarées obligatoires doivent toujours figurer au budget. Si le Conseil municipal négligeait d'y pourvoir, le préfet les inscrirait d'office par un arrêté délibéré en Conseil de préfecture.

L'inscription d'office ne peut être prise qu'après une mise en demeure adressée aux Conseils municipaux et restée sans effet. Elle constitue un acte de pure administration qui n'est susceptible d'aucun recours au contentieux, si ce n'est pour violation de la loi ou excès de pouvoirs.

Comment l'inscription est-elle faite?

Si la dépense est annuelle et variable, elle est inscrite pour sa quotité moyenne pendant les trois dernières années.

S'agit-il d'une dépense fixe et annuelle ou extraordinaire, elle est inscrite pour sa quotité réelle. (L. 1837, art. 39.)

La dépense obligatoire une fois inscrite, il s'agit de pourvoir à son acquittement, et ici nous serons forcés de parler un peu des recettes de la commune. Mais d'abord il y a lieu de distinguer si la commune pourvoit d'elle-même à la dépense, ou si l'administration est obligée d'y pourvoir d'office.

Examinons le premier cas. La commune a-t-elle des revenus suffisants, elle les appliquera à la dépense obligatoire. Si ces ressources ordinaires ne suffisent pas, elle peut recourir à trois moyens pour se procurer les fonds nécessaires : l'imposition extraordinaire, l'emprunt et la vente des biens communaux. En certains cas cependant, la commune n'a pas à choisir entre ces trois moyens. Il est en effet certaines dépenses auxquelles la loi affecte des ressources spéciales, et les Conseils municipaux devraient d'abord voter ces ressources. Nous aurons à nous en occuper au cours de ce travail. Nous nous bornons pour le moment à les faire connaître. Ce sont les centimes spéciaux à l'instruction primaire (lois des 15 mars 1850, art. 40 ; — 10 avril 1867, art. 14 ; — 19 juil. 1875, art. 7), aux chemins vicinaux (loi du 21 mai 1836, art. 2), au traitement des gardes champêtres (loi de fin. 31 juil. 1867, art. 16) et aux frais de perception des impositions communales et non-valeurs. (L. du 20 juil. 1837, art. 5.)

L'imposition est le moyen le plus simple et le plus équitable de se procurer les ressources nécessaires. On augmente les charges communales d'une dépense obligatoire, la commune augmente dans une égale proportion les contributions de ses habitants. Rien de plus logique. Chaque année le Conseil général fixe un maximum que les impositions communales ne devront pas dépasser. (Loi du 18 juillet 1866, art. 4.) Dans cette limite, les Conseils municipaux peuvent voter une imposition de cinq centimes au maximum et dont la durée ne peut excéder cinq années.

L'autorisation préfectorale serait nécessaire pour la levée de l'impôt, s'il y avait désaccord entre le maire et le Conseil municipal. Cette autorisation est nécessaire si l'imposition dépasse cinq centimes, sans excéder le maximum fixé par le Conseil général ni le délai de douze années. Hors ces cas, toute imposition doit être autorisée par décret. Le décret est rendu en Conseil d'État, si la commune a plus de 100,000 francs de revenu. Une loi est nécessaire si l'imposition doit excéder le maximum fixé par la loi de finances. (Art. 7, loi du 24 juillet 1867.)

Le deuxième moyen offert aux communes, pour l'acquittement de leurs dépenses, est l'emprunt. Mais ici la loi s'est montrée plus exigeante que précédemment, et c'est avec raison. L'emprunt, en effet, procure un bénéfice actuel, mais il crée une lourde charge aux municipalités, trop souvent disposées à sacrifier l'avenir au présent.

L'emprunt est définitivement réglé par le Conseil municipal, s'il est remboursable en moins de douze années, avec les revenus ordinaires, ou en moins de cinq années, avec les 5 centimes que le Conseil municipal peut imposer. L'approbation préfectorale est exigée en cas de désaccord entre le maire et le Conseil municipal ; elle est nécessaire, si l'emprunt est remboursable dans un délai supérieur à douze années sur les ressources ordinaires, ou dans un délai supérieur à cinq années sur des ressources qui n'excèdent pas le maximum annuel fixé par le Conseil général.

Si les centimes destinés au remboursement de l'emprunt excèdent le maximum du Conseil général, un décret est nécessaire. Comme précédemment, ce décret sera rendu en Conseil d'État si les revenus de la commune excèdent 100,000 francs. Une loi sera nécessaire si le maximum fixé par la loi de finances doit être dépassé, ou encore si l'emprunt excède *un million*. Il en serait de même si l'emprunt réuni à d'autres emprunts non remboursés formait un total supérieur à *un million*.

La vente des biens communaux doit, encore plus que l'emprunt, être écartée toutes les fois qu'il est possible de pourvoir autrement à l'acquittement des dépenses. Il est même certains cas où elle est formellement interdite, par exemple : pour le paiement des dettes résultant de la responsabilité des communes. (Av. du Com. de l'int., 28 sept. 1821.) Le préfet serait compétent depuis le décret du 25 mars 1852 pour autoriser la vente, désigner les biens à vendre et régler le mode de vente.

A Paris et à Lyon aucun emprunt, aucune imposition extraordinaire, ne peuvent être effectués sans l'autorisation du pouvoir législatif. (Loi de 1867, art. 17.)

Dans les villes qui ont moins de 100,000 francs de revenus, lorsqu'il s'agit de voter un emprunt ou une contribution extraordinaire, les plus imposés de la commune doivent être convoqués en nombre égal à celui des Conseillers municipaux pour participer à la délibération et au vote. La loi de 1839 qui prescrit cette formalité (art. 42) n'autorise pas les plus imposés à se faire représenter. Les femmes et les mineurs ne peuvent donc participer au vote, puisqu'ils ne peuvent pas remplir une fonction publique et qu'il leur est interdit de déléguer un fondé de pouvoirs. Cette restriction de la loi est critiquée par tous les auteurs, et c'est avec raison, car la mesure prescrite par la loi ne peut avoir sa raison d'être et remplir le but qu'elle se propose, qu'à la condition de laisser aux plus imposés et à eux seuls le droit de parler ou de faire parler au nom de leurs intérêts.

Dans les grandes villes, le concours des plus imposés n'est jamais nécessaire.

Il nous reste à examiner comment il est procédé à l'acquittement des dépenses obligatoires, lorsque le Conseil municipal se refuse à y pourvoir.

Ici encore il faut distinguer si la commune a des ressources ordinaires suffisantes, ou si elle n'en a pas. Au premier cas, l'autorité, chargée de régler le budget, applique les ressources ordinaires aux dépenses obligatoires, et retranche du budget les dépenses facultatives, auxquelles étaient destinés les crédits appliqués aux premières.

Mais, le plus souvent, il arrive que les ressources ordinaires de la commune sont insuffisantes; si le Conseil municipal se refuse dans ce cas à voter une imposition ou un emprunt, l'autorité supérieure établit d'office une imposition extraordinaire. Un décret est nécessaire pour ordonner cette imposition si elle n'excède pas le maximum autorisé chaque année par la loi de finances. Dans le cas contraire, il faudrait l'autorisation du pouvoir législatif. Aucun emprunt ne peut être contracté d'office. Ce principe a reçu exception tout récemment. Une loi du 1ᵉʳ juin 1878 autorise l'emprunt d'office pour les dépenses relatives à la construction obligatoire des écoles.

Tels. sont les principes généraux qui dominent notre matière. Nous les avons exposés sommairement parce qu'ils ne sont pas susceptibles, croyons-nous, de donner lieu à des difficultés. Le seul point sur lequel il ait pu s'en élever quelques-unes, c'est le droit pour l'autorité supérieure de procéder d'office à l'inscription des dépenses obligatoires, en cas de refus du Conseil municipal, et à cet égard, nous l'avons déjà dit, la jurisprudence admet d'une manière constante que l'inscription d'office est un acte de pure administration, non susceptible d'un recours au contentieux, à moins qu'il y ait eu violation de la loi ou excès de pouvoirs. Le fait de procéder à l'inscription d'office, sans avoir préalablement mis le Conseil municipal en demeure de voter la dépense, est considéré comme un excès de pouvoir. (Arrêt du Conseil, 12 août 1854.)

Nous avons vu quel est le caractère des dépenses obligatoires, comment il est pourvu à leur acquittement. Nous avons maintenant à en donner l'énumération. Nous plaçons en tête celles comprises dans l'art. 30 de la loi de 1837. Nous indiquerons à la suite celles qui ont été déclarées obligatoires par d'autres dispositions législatives, antérieures ou postérieures.

Les dépenses obligatoires des communes sont :

1° L'entretien, s'il y a lieu, de l'hôtel-de-ville ou du local affecté à la mairie ;

2° Les frais de bureau et d'impression pour le service de la commune ;

3° L'abonnement au *Bulletin des Lois ;*

4° Les frais de recensement de la population ;

5° Les frais des registres de l'état civil et la portion des tables décennales à la charge des communes ;

6° Les traitements du receveur municipal, du préposé en chef de l'octroi, et les frais de perception ;

7° Le traitement des gardes des bois de la commune et des gardes champêtres ;

8° Le traitement et les frais de bureau des commissaires de police, tels qu'ils sont déterminés par les lois ;

9° Les pensions des employés municipaux et des commissaires de police régulièrement liquidées et approuvées ;

10° Les frais de loyer et de réparation du local de la justice de paix, ainsi que ceux d'achat et d'entretien de son mobilier, dans les communes chefs-lieux de canton ;

11° Les dépenses de la garde nationale, telles qu'elles sont déterminées par les lois ;

12° Les dépenses relatives à l'instruction publique, conformément aux lois ;

13° L'indemnité de logement aux curés ou desservants et autres ministres des cultes salariés par l'État, lorsqu'il n'existe pas de bâtiment affecté à leur logement ;

14° Les secours aux fabriques des églises et autres administrations préposées aux cultes dont les ministres sont salariés par l'État, en cas d'insuffisance de leurs revenus justifiée par leurs comptes et budgets ;

15° Le contingent assigné à la commune, conformément aux lois, dans la dépense des enfants trouvés et abandonnés ;

16° Les grosses réparations aux édifices communaux, sauf l'exécution des lois spéciales concernant les bâtiments militaires et les édifices consacrés au culte ;

17° La clôture des cimetières, leur entretien et leur translation, dans les cas déterminés par les lois et règlements d'administration publique;

18° Les frais des plans d'alignement;

19° Les frais et dépenses des Conseils de prud'hommes pour les communes où ils siégent; les mêmes frais des Chambres consultatives des arts et manufactures, pour les communes où elles existent;

20° Les contributions et prélèvements établis par les lois sur les biens et revenus communaux;

21° L'acquittement des dettes exigibles;

22° Dépenses des chemins vicinaux (Loi du 21 mai 1836);

23° Contribution à la dépense des aliénés indigents (Loi du 30 juin 1838);

24° Dépenses du reboisement et du gazonnement des montagnes (Lois du 28 juillet 1860, 8 juin 1864);

25° Frais de mise en valeur des marais et terres incultes (Loi du 28 juillet 1860);

26° Secours et pensions aux sapeurs-pompiers municipaux, à leurs veuves et à leurs enfants (Loi du 5 avril 1851);

27° Frais de tenue des assemblées électorales (Loi du 7 avril 1850);

28° Part contributive dans les travaux de défense contre les inondations (Loi du 28 mai 1858);

29° Frais de visite des fours et cheminées (Loi du 28 septembre 1791);

30° Frais de logement du président des assises (Décret du 27 février 1811);

31° Frais des matrices des rôles des contributions directes (Loi du 2 messidor an VII);

32° Dépense du matériel des commissions de statistique pour les chefs-lieux de canton (Décret du 1er juillet 1852);

33° Frais des chambres et dépôts de sûreté (Loi du 28 germinal an VI);

34° Frais de route des indigents envoyés aux eaux thermales (Décret du 29 floréal an VII);

35° Fournitures d'éclairage et de chauffage aux corps de garde des troupes de passage (Loi du 18 février 1791);

36° Fourniture du local, des registres et livrets nécessaires aux sociétés de secours mutuels (Loi du 15 juillet 1850. — Décret du 26 mars 1852);

37° Contribution à la dépense des travaux intéressant plusieurs communes. (Loi du 18 juillet 1837, art. 72, et loi du 10 août 1876.)

DEUXIÈME PARTIE

**1º Entretien, s'il y a lieu, de l'Hôtel de Ville ou du local affecté
à la Mairie.**

Cette dépense avait été rejetée par la Chambre des députés,
sur le rapport de M. Vivien, qui pensait que l'urgence des
dépenses d'entretien de l'hôtel de ville devait être laissée à
l'appréciation des Conseils municipaux ; ne fallait-il pas craindre
en outre, que l'administration cherchât dans les termes un peu
ambigus de l'article 30, paragraphe I, le prétexte d'obliger les
communes dépourvues de mairie à s'en procurer une? Ces
raisons parurent concluantes, et la Chambre des députés
supprima notre paragraphe. Il fut rétabli par la Chambre des
pairs, avec de légères modifications au texte proposé par le
gouvernement, et la dépense d'entretien de l'hôtel de ville ou
du local qui en tient lieu, fut déclarée obligatoire pour toute
commune. Mais il résulte clairement, de la discussion mentionnée plus haut et du texte même de la loi, que la commune
ne saurait être contrainte de bâtir une mairie.

Elle est cependant obligée d'avoir un local qui en tienne
lieu. Elle peut se le procurer par voie de construction, d'achat,
de location et même dans quelques petites communes, par la
concession gratuite, faite par le maire de sa maison d'habita-
tion. Dans ce dernier cas, aucune indemnité ne serait due pour
réparations d'entretien. Si le local de la mairie était loué à un
tiers, la commune ne devrait que les réparations mises à sa
charge par le bail qu'elle aurait passé.

Enfin lorsqu'elle est propriétaire de la mairie, il lui appartient encore, dans une certaine mesure, d'apprécier l'opportunité des réparations d'entretien. C'est ce qu'expriment les mots : *s'il y a lieu*, insérés dans le paragraphe, sur les observations de M. Vivien. Ainsi les travaux que nécessiteraient les réparations d'entretien, ne pourraient, en cas de négligence du Conseil municipal, être exécutés d'office, qu'après avoir préalablement consulté le dit conseil sur cette question et après une mise en demeure restée sans résultat.

**2° Frais de bureau et d'impressions pour le service
de la commune.**

Un arrêté du 4 thermidor an X a obligé les communes à inscrire à leur budget un crédit spécial pour acquitter leurs frais d'administration. Un autre arrêté du 17 germinal an XI a déterminé dans quelle limite cette dépense serait obligatoire.

Les frais d'administration ou de bureau doivent être appliqués au traitement des employés de la commune, sauf cependant les agents dont le service s'exerce en dehors de la mairie ; c'est ce qui résulte du texte du paragraphe, et aussi de ce que le salaire de ces agents est assuré par une disposition spéciale. (Gardes des bois, gardes champêtres, receveurs municipaux, agents de l'octroi, etc.)

Quant aux imprimés, une circulaire ministérielle du 17 juin 1837 a donné la liste de ceux que l'on doit retrouver dans toute commune et dont l'achat est obligatoire. Plusieurs instructions ministérielles ont ajouté à cette liste depuis 1837 ; il serait, croyons-nous, superflu de donner cette longue énumération. Nous devons signaler cependant une légère modification apportée par la loi du 10 août 1871.

L'article 60, § 4, de cette loi met à la charge du département les frais d'impression des cadres pour la formation des listes électorales. Ces frais étaient antérieurement à la charge des communes.

Nous ferons remarquer en outre que la circulaire de 1837 et les instructions ministérielles qui l'ont suivie, n'ont pas eu en vue d'empêcher l'usage des imprimés pour les matières qui ne sont pas comprises dans la nomenclature qu'elles ont donnée.

Il reste facultatif aux municipalités de se servir des imprimés dans tous les cas où leur usage serait de nature à simplifier les écritures et les opérations du service ; mais la dépense obligatoire doit être rigoureusement renfermée dans les termes des instructions ministérielles.

La dépense obligatoire est encore limitée par le crédit spécial qui lui est affecté, aux termes de l'arrêté de germinal an XI. Ce crédit doit être calculé à raison de cinquante centimes par habitant dans les villes qui ont moins de 100,000 habitants et plus de 20,000 francs de revenus. Dans les villes qui ont plus de 100,000 habitants ou moins de 20,000 francs de revenus, il faudra, dans le silence de la loi, rechercher la quotité moyenne de la dépense pendant les trois dernières années, et déterminer d'après cette opération le crédit obligatoire que les communes devront y affecter. (Circul. du 21 décembre 1837. — Arrêt du Conseil du 26 juin 1839.)

L'autorité chargée de régler le budget ne pourrait pas, lorsque le maximum obligatoire des frais de bureau est inscrit, ajouter un crédit spécial pour certains services de la mairie qui ne seraient pas dotés suffisamment par le Conseil municipal. Le seul droit de l'autorité supérieure serait de réduire certaines allocations pour en reporter le montant sur tel ou tel service mal rétribué. C'est ce qui a été reconnu par une circulaire du 30 novembre 1838, pour le médecin chargé de constater les décès, que l'on doit comprendre au nombre des employés de la mairie. C'est ce qui a été décidé pour le secrétaire particulier du maire, dont le service est considéré par la jurisprudence comme obligatoire, parce que le maire n'est pas tenu de faire lui-même toutes les écritures qui se rapportent à l'exercice de ses fonctions.

3° **Abonnement au « Bulletin des Lois » et au « Bulletin des Communes ».**

Le *Bulletin des Lois,* qui doit son existence au *Bulletin de correspondance* créé par l'Assemblée constituante et conservé par la Convention, a été établi et organisé par la loi du 14 frimaire an II.

Le prix d'abonnement, fixé d'abord à 6 fr. par an, porté à 9 fr. par décret du 25 mai 1811, a été fixé de nouveau à 6 fr. par décret du 12 février 1852.

L'abonnement au *Bulletin des Lois* a été déclaré obligatoire par un arrêté des Consuls du 29 prairial an VIII, confirmé par le décret précité de 1811, pour les communes chefs-lieux de département, d'arrondissement et de canton. Dans les autres communes on se contentait d'envoyer le *Moniteur des Communes.* Depuis le décret du 27 décembre 1871, c'est le *Bulletin des Communes* qui est envoyé dans toutes les communes de France, même celles qui reçoivent le *Bulletin des Lois.* Le prix de l'abonnement est de 4 fr. par an.

La table décennale du *Bulletin des Lois* n'est envoyée que sur la demande des communes; l'achat en est facultatif. Les frais de reliure que l'on avait refusés de comprendre dans le paragraphe, ont été déclarés obligatoires par une décision ministérielle de 1837. Le ministre pense que l'obligation de payer les frais de reliure est implicitement contenue dans celle de conserver le *Bulletin des Lois,* que le décret du 25 mai 1811 impose aux maires sous leur responsabilité personnelle.

4° **Frais de recensement de la population.**

La base de presque toutes les combinaisons législatives, en matière d'impôts, de recrutement, de circonscriptions électorales, de classements administratifs et financiers, est la connaissance exacte du chiffre de la population des communes; aussi l'on s'est préoccupé depuis longtemps d'en assurer le recensement.

Les lois des 22 juillet 1791 et 10 vendémiaire an IV prescrivaient un recensement annuel de la population. Actuellement il a lieu tous les cinq ans, en vertu des ordonnances des 16 juin 1821, 15 mai 1827, 11 mai 1832 et 30 décembre 1836. Les maires procèdent au dénombrement de leurs concitoyens, sous la surveillance du ministre de l'intérieur.

Ils peuvent s'adjoindre des agents spéciaux, auxquels ils ont même le droit de déléguer leurs fonctions. Ils pourraient notamment s'adresser aux agents des contributions directes et indirectes, qui ont intérêt à s'assurer de l'exactitude des opérations du recensement, au point de vue de la répartition des contributions et de l'application des divers tarifs, dont la quotité varie, selon la catégorie dans laquelle est classée la ville, par suite du chiffre de sa population.

Les indemnités dues aux agents chargés de procéder au recensement, les frais d'achat des tableaux et cadres nécessaires sont obligatoires pour la commune.

Les tableaux de recensement sont adressés au préfet qui les fait porter sur un état spécial où sont établis les totaux des opérations, par canton, arrondissement et département.

5° **Frais des registres de l'état civil et des tables décennales.**

La loi du 20 septembre 1793 exige que chaque espèce d'actes reçus par l'officier de l'état civil soit inscrite sur un registre spécial.

En pratique cette loi n'est guère appliquée, surtout dans les petites communes ; on inscrit sur le même registre tous les actes de l'état civil, sauf les publications de mariage, pour lesquelles un registre spécial est absolument nécessaire. (Art. 40 et 63 du Code civil.)

Chaque feuillet des registres doit être timbré, à peine d'une amende de 30 fr. par chaque acte transcrit en contravention à la règle. (Lois des 28 septembre 1792, 13 brumaire an VIII.)

Dans les six mois de la clôture annuelle des registres, il est dressé une table des divers actes de l'état civil en trois exemplaires, dont deux sont remis au greffe avec le double des registres. Les greffiers doivent, tous les dix ans, dresser une table récapitulative en trois exemplaires dont l'un est destiné à la commune. (Décret du 20 juillet 1807.)

La dépense de l'achat, du timbre, du transport des registres, les frais de rédaction de la table annuelle et la portion des frais de rédaction de la table décennale mise à la charge de la commune, sont obligatoires.

6° **Traitement du receveur municipal, du préposé en chef de l'octroi, et frais de perception.**

Cette dépense est de celles qui intéressent au même degré la bonne administration de la fortune communale, et l'avenir de la fortune publique. De là l'intervention de l'État.

Le receveur municipal est chargé de recouvrer les recettes

et d'acquitter les dépenses de la commune. C'est le percepteur qui est investi de cette fonction relativement aux communes comprises dans sa circonscription. Cependant les communes qui ont plus de 30,000 fr. de revenus, peuvent demander un comptable spécial. Le préfet est chargé de la nomination de ce fonctionnaire, si les revenus de la commune n'excèdent pas 300,000 fr. Dans le cas contraire, la nomination est faite par le président de la République, sur la proposition du ministre des finances.

Le receveur municipal doit être choisi sur une liste de trois candidats présentés par le Conseil municipal. (Loi du 18 juillet 1837, art. 65. — Décret du 25 mars 1852, art. 5, § 13.)

Le traitement des receveurs avait été fixé à 5 p. 100 sur les premiers 100,000 fr. de recettes et de dépenses et 1/2 p. 100 sur l'excédent par la loi du 11 frimaire an VII, et les décrets du 4 thermidor an X et 17 germinal an XI.

Les décrets du 30 frimaire an XIII et 24 août 1812 décidèrent que le traitement en question serait composé de remises proportionnelles, déterminées par le préfet, sur l'avis des Conseils municipaux, lorsque les fonctions de receveur seraient exercées par les percepteurs, et par décision du chef de l'État, dans les communes ayant un receveur spécial. Le taux minimum des remises était : pour les percepteurs-receveurs, 4 p. 100 sur les premiers 20,000 fr. de recettes et de dépenses; pour les receveurs spéciaux, 5 p. 100 sur la même somme, et pour les uns et les autres 1 p. 100 sur l'excédent de 20,000 fr. jusqu'à 1,000,000 et 1/2 p. 100 sur l'excédent de 1,000,000.

Après la loi de 1837, qui avait notablement augmenté le travail des receveurs municipaux sans faire subir la même progression à leurs salaires, des réclamations se produisirent et amenèrent les deux ordonnances des 17 avril 1839 et 23 mai suivant, qui fixaient le taux des remises des receveurs municipaux ainsi qu'il suit :

Sur les premiers 5,000 fr	2 » p. 100 sur les recettes. 2 » p. 100 sur les dépenses.
Sur les 25,000 fr. suivants.	1 50 p. 100 sur les recettes. 1 50 p. 100 sur les dépenses.
Sur les 70,000 fr. suivants.	0 75 p. 100 sur les recettes. 0 75 p. 100 sur les dépenses.
Sur les 100,000 fr. suivants jus- qu'à 1,000,000.	0 33 p. 100 sur les recettes. 0 33 p. 100 sur les recettes.
Sur les sommes excéd. 1,000,000.	0 12 p. 100 sur les recettes. 0 12 p. 100 sur les dépenses.

Ce système présentait quelques difficultés dans son application parce qu'il est un certain nombre de recettes et de dépenses qui, en vertu des lois ou règlements, ne donnent lieu à aucune remise. C'est pour cela qu'un décret du 27 janvier 1876 a converti en un traitement fixe les diverses remises dont nous avonspa rlé.

Le préfet est chargé de la fixation de ce traitement, qui est arrêté sur la proposition du trésorier-payeur général, d'après l'application du tarif des ordonnances de 1839 à la moyenne des opérations ordinaires ou extraordinaires de recettes ou de dépenses effectuées pendant les exercices de 1867, 1868, 1869, 1872 et 1873, sans tenir compte du dixième en plus ou en moins que les Conseils municipaux avaient le droit d'accorder ou de supprimer. Le préfet a été chargé de statuer sur les réclamations qui se produiraient à l'occasion de la mise en vigueur du décret, sauf recours au ministre de l'intérieur.

Les Conseils municipaux conservent le droit d'augmenter d'un dixième le traitement de leurs receveurs ; il faut pour cela l'approbation du préfet. La gratification ainsi accordée est personnelle et doit être annuellement renouvelée. (Décret du 27 juin 1876.) Une fois votée elle est obligatoire pour la commune comme le traitement lui-même. (Circ. int. 1er août 1876.)

Lorsque les produits annuels d'un octroi s'élèvent à 20,000 fr., il peut être établi un préposé en chef dont le traitement est obligatoire pour la commune. (Loi de 1816, art. 155.)

Avant le décret du 25 mars 1852, la nomination du préposé en chef était dans les attributions du ministre qui statuait sur la proposition du maire approuvée par le préfet. Depuis 1852, le préfet est seul investi du droit de nomination.

Si le maire se refusait à présenter un candidat, le préfet pourrait d'office procéder à la nomination. C'est ce qui a été décidé pour les nominations faites par le ministre avant le décret de 1852. (Arrêt du Conseil du 14 juillet 1819.) La même décision doit être admise en ce qui concerne les préfets, puisque le décret de 1852 leur a conféré tous les droits dont le ministre était précédemment investi. C'est du reste ce qui a été reconnu par un avis du Conseil d'État du 24 janvier 1861 et par une circulaire du ministre des finances du 7 mars suivant, qui décident que le décret de 1852 n'a modifié en rien la législation antérieure en ce qui concerne la création, le traitement et la révocation des préposés en chef de l'octroi.

Les frais de perception, dont parle notre paragraphe, comprennent : les appointements fixes et éventuels des préposés, les dépenses de loyer, entretien, chauffage, éclairage, etc., des bâtiments affectés au service de l'octroi, la fourniture du mobilier des bureaux, des imprimés, etc., etc. Nous renvoyons pour plus de détail sur ce point à l'instruction générale du ministre des finances du 25 septembre 1809 et à la circulaire du même ministre du 14 juin 1838.

7º Traitement des gardes des bois communaux et des gardes champêtres.

Le Code forestier (art. 94 et suivants), oblige toute commune propriétaire de bois ou forêts à avoir un certain nombre d'agents salariés, chargés de veiller à la conservation et à l'entretien de ses bois et forêts. L'article 95 du même Code donnait la nomination de ces agents aux maires, sauf approbation du Conseil municipal. Le décret du 25 mars 1852 a transporté ce droit aux préfets. Toutefois on convient que ce décret n'a abrogé que l'article 95 du Code et que les articles 94 et 98, relatifs à la fixation du nombre et du traitement des gardes, sont encore applicables (Arr. Cons. d'Ét., 6 août 1861, Déc. ministérielle conforme. *Bull. minist. int.,* année 1868.) Ces articles rendent obligatoire pour le préfet l'avis des Conseils municipaux sur ces deux questions.

L'article 108 du Code forestier porte que le produit des coupes de bois, ordinaires et extraordinaires, doit être affecté par préférence au paiement des salaires des gardes. Nous verrons plus tard que ce n'est pas là le seul prélèvement qui soit opéré sur ce produit. Si ce produit et les taxes d'affouage ne couvrent pas les frais en question, il y a lieu, en l'absence de ressources ordinaires, à une imposition spéciale qui, aux termes de la loi du 22 mars 1806, ne devait pas peser sur les propriétaires ayant des gardes particuliers. Mais depuis la loi de 1837, cette distinction n'est plus admise; il a même été décidé par un avis du Conseil d'État, du 4 novembre 1838, et contrairement à l'opinion formulée par le ministre dans une lettre du 14 août de la même année, que si les usagers et affouagistes se mettaient d'accord pour empêcher la vente des produits des bois communaux, on ne pourrait même dans ce cas faire peser sur eux seuls l'imposition spéciale.

Plusieurs communes peuvent se réunir pour l'entretien à frais communs d'un ou plusieurs gardes des bois et forêts; dans ce cas le préfet répartit entre elles la dépense.

Le salaire des gardes champêtres a été mis à la charge des communes par plusieurs lois, notamment : celles des 6 octobre 1791, 20 messidor an III, qui ont obligé les communes

rurales à entretenir au moins un garde champêtre, et la loi
de 1837 qui a déclaré cette dépense obligatoire.

Le Code rural de 1791 avait décidé que le traitement des
gardes champêtres serait fixé par le Conseil municipal et
acquitté sur le produit des amendes réservées à la commune.
La loi du 20 messidor an III voulut que cette fixation fût
opérée par le district et que la dépense fût répartie, sur l'avis
du Conseil municipal, au marc le franc de la contribution
foncière. Un arrêté du 23 frimaire an XIII, non inséré au
Bulletin des Lois, décida dans le même sens. Mais la loi
de 1837, article 13, vint donner aux maires le droit de nommer
les gardes, sauf l'approbation du Conseil municipal et du sous-
préfet. Leur traitement était également fixé par le maire, sous
la même réserve. Il en a été ainsi jusqu'en 1852. Le décret du
25 mars, qui avait conféré aux préfets tant d'attributions et
notamment le droit de nommer les gardes des bois et forêts,
leur donna aussi celui de nommer les gardes champêtres. Ils
ont conservé cette attribution. Il a été décidé, par application
de ce décret, que le préfet avait également le droit de
fixer le traitement des gardes champêtres. (Avis du Conseil.
Sect. de l'int., 28 décembre 1854). Le motif invoqué par l'avis
du Conseil d'État est celui-ci : le préfet a été investi du même
droit de nomination pour les gardes des bois et pour les gardes
champêtres, le législateur a dû par analogie entendre lui donner,
quant aux seconds, le droit qu'il avait à l'égard des premiers,
de fixer le montant des salaires que leur doivent les communes.

L'analogie invoquée est-elle bien certaine? Nous ne le
pensons pas. En effet, le législateur de 1852 n'a pas accordé
aux préfets, quant aux gardes des bois, le droit que leur
reconnaît l'avis du Conseil quant aux gardes champêtres. Ce
droit ils le tenaient du Code forestier, qui dispose ainsi que
nous l'avons rapporté plus haut : « qu'il appartient aux préfets,
sur la proposition des Conseils municipaux, de fixer le traite-

ment des gardes des bois. » Cet avis du Conseil municipal est toujours obligatoire, même après 1852, et le Conseil d'État lui même a décidé en 1861 : que le décret de 1852 n'avait pu abroger sur ce point les dispositions du Code forestier. Nous déciderons en conséquence que c'est, comme sous l'empire de la loi de 1837, au maire qu'il appartient de fixer le nombre et le traitement des gardes champêtres, sauf approbation du Conseil municipal. Cette opinion est enseignée par M. Batbie. Nous ne croyons pas cependant que la question ait jamais donné lieu à des difficultés sérieuses.

Il est pourvu au traitement des gardes, à l'aide des ressources ordinaires de la commune. A défaut de ces ressources, il y a lieu de recourir comme toujours à une imposition extraordinaire. Cette imposition qui devait, aux termes de la loi des finances du 21 avril 1832, article 19, s'ajouter uniquement à la contribution foncière, doit être répartie, depuis la loi de finances du 31 juillet 1867, entre les quatre contributions directes. Il n'y a lieu d'en exempter ni les propriétaires ayant un garde particulier (Avis du Conseil, 22 juillet 1829), ni ceux ayant des fonds clos, au profit desquels le décret du 6 septembre 1805 et la loi du 17 août 1822 prononçaient formellement une exemption de l'impôt. Les attributions des gardes champêtres ont été en effet tellement étendues et multipliées, qu'il faut les considérer plutôt comme de véritables officiers de police que comme les gardiens de la propriété privée.

Les centimes additionnels nécessaires pour l'acquittement des salaires des gardes champêtres ne sont pas compris dans le maximum fixé annuellement par le Conseil général en vertu de la loi du 18 juillet 1866. Ils pourront être votés sans le concours des plus imposés, car la loi du 24 juillet 1867 en autorise la perception à titre de centimes spéciaux ordinaires.

8° Traitement et frais de bureau des commissaires de police.

L'organisation des commissaires de police remonte à la loi du 28 pluviôse an VIII. Un arrêté du 23 fructidor an IX fixa le maximum de traitement qui pourrait leur être alloué, et un décret du 22 mars 1813, leurs frais de bureau. L'existence d'un commissariat de police est obligatoire, aux termes de la loi de l'an VIII, dans toutes les communes de 5 à 10,000 âmes. En 1852, un décret du 28 mars établit des commissaires dans tous les chefs-lieux de canton, et leur attribua juridiction sur toutes les communes composant le canton. Leur traitement fixé par le même décret était réparti par le préfet entre ces communes, dans la proportion de leur intérêt présumé à l'existence du commissariat.

Ces commissariats cantonaux, contre lesquels tant de communes s'étaient élevées sous l'Empire, ont complètement disparu depuis un arrêté ministériel du 10 décembre 1870, et l'on s'en tient actuellement à la loi de l'an VIII. Depuis 1870 cependant on pourrait citer la création de quelques commissariats dans des villes ayant moins de 5,000 habitants. (Voy. notamment Circ. minist. du 9 mai 1872 et 8 mai 1875.) Le décret du 28 mars 1852 n'a pas été abrogé. La loi du 24 juillet 1867 a décidé que dans les villes de 40,000 âmes et au-dessus l'organisation de la police serait réglée par décret rendu en Conseil d'État sur l'avis des Conseils municipaux. Dans ces villes, les agents de police sont nommés par le préfet. Dans les autres, ils sont nommés par le maire, sauf approbation du préfet qui peut seul les révoquer. Le maire n'a que le droit de les suspendre. En tous cas, leur traitement est fixé par le Conseil municipal, sauf approbation du préfet. (Loi du 20 janvier 1874.)

Actuellement les commissaires de police sont divisés en cinq classes. Le traitement et les frais de bureau varient selon la classe à laquelle ils appartiennent. (Voy. décret du 27 février 1855.)

Dans les villes importantes, il existe en outre un commissaire central qui est le supérieur hiérarchique de tous les agents et commissaires de police de la même ville. Dans les chefs-lieux de préfecture de première classe, ces commissaires centraux reçoivent de l'État un supplément de traitement.

La juridiction des commissaires s'étend à toutes les communes du canton de leur résidence ; elle peut s'étendre à plusieurs cantons et même embrasser tout un arrondissement. S'il y a plusieurs commissaires dans la même ville, leur compétence est égale.

Il n'y a plus lieu d'établir une contribution entre les communes pour l'acquittement du traitement des commissaires. C'est la ville dans laquelle ils résident qui en est tenue. Le décret de 1852 est encore applicable aux communes de moins de 5,000 habitants, qui ont demandé et obtenu la création d'un commissariat. Ces communes, qui antérieurement au décret pouvaient se débarrasser de leurs commissaires par un simple refus de crédit lors du vote du budget, sont tenues depuis 1852 de pourvoir à la dépense du commissariat jusqu'à ce qu'elles en aient obtenu la suppression.

De même il faudrait se référer encore au décret du 27 janvier 1855, rendu en exécution du décret-loi de 1852, pour les conditions requises des commissaires de police pour passer d'une classe dans une autre. Ce même décret contient la fixation des traitements et frais de bureau.

A Paris, le nombre des commissaires de police a souvent varié : il est en moyenne de quatre-vingt environ. Leur traitement est fixé par le décret du 10 juin 1865 modifiant celui du 8 décembre 1859. L'État supporte une partie de la dépense ; la loi du 25 janvier 1872 a fixé son contingent à 6,929,425 fr. — En exécution de l'art. 3 de la loi du 10 juin 1853, un décret du 23 novembre 1853, modifié par celui du 28 décembre 1867, a fixé le nombre et le traitement des commissaires de police des diverses communes du département de la Seine.

9° Pensions des employés municipaux et des commissaires de police, régulièrement liquidées et approuvées.

La Chambre des députés avait supprimé ce paragraphe, parce qu'il semblait illogique de classer comme obligatoire une dépense qui ne devient telle qu'au moment où elle prend le caractère d'une dette liquide et exigible, et rentre par conséquent dans une classe de dépenses qui font l'objet d'un paragraphe spécial dans l'article 30.

A la Chambre des pairs on fit observer que la disposition supprimée ne créait pour les communes aucune charge nouvelle, et qu'on pourrait en la supprimant inquiéter, à tort ou à raison, nombre d'employés municipaux qui penseraient avoir acquis des droits à la retraite.

Sur ces observations le paragraphe fut rétabli. Les communes ont par conséquent la faculté de servir à leurs employés des pensions de retraite. Si cependant une retenue proportionnelle était exercée sur le traitement de ces employés, la pension serait obligatoire et la liquidation en pourrait être poursuivie par les intéressés.

La liquidation aurait lieu, dans ce cas, conformément au règlement de la commune, et à défaut, conformément aux dispositions du décret du 4 juillet 1806, sur les pensions des employés au ministère de l'intérieur, rendu applicable aux communes par un avis du Conseil d'État du 17 novembre 1811.

Le maire est chargé de la liquidation des pensions, le Conseil municipal en fixe le montant et sa délibération est soumise au préfet qui détermine l'époque de l'entrée en jouissance.

Les communes peuvent assurer des pensions de retraite à leurs employés au moyen de caisses d'épargne obligatoires, dont le règlement est inséré au *Bulletin des Lois* (année 1833), et au moyen de la caisse des retraites pour la vieillesse, organisée par la loi du 18 juin 1850. Dans cette hypothèse, la liquidation est confiée aux autorités chargées du service de ces caisses.

Les receveurs-percepteurs, les fonctionnaires de l'enseignement, les préposés en chef de l'octroi bénéficient de la loi du 9 juin 1853. Ils ont droit à une pension dont le montant, ainsi que les retenues qui doivent être opérées pour la constituer, ont été fixés par le décret du 9 novembre 1853.

Les préposés en chef de l'octroi ont en outre le droit d'obtenir une pension sur la caisse des retraites municipales, s'il en existe une, en versant à cette caisse, outre la retenue ordinaire, le quart du produit de leur part dans les saisies et amendes.

Quant aux autres employés de l'octroi, dont le service justifie certainement cette faveur, une ordonnance du 4 septembre 1840 porte qu'ils peuvent, sur la demande des communes, bénéficier de l'ordonnance du 12 janvier 1825 qui régissait avant la loi de 1853 les pensions des employés du ministère des finances.

C'est donc d'après l'ordonnance de 1825 que devrait se faire la liquidation de la pension de retraite de ces employés, dans le cas où la commune n'aurait pas elle-même un règlement spécial.

**10° Frais de loyer et de réparations du local
de la justice de paix.**

Les communes chefs-lieux de canton sont obligées, aux termes de ce paragraphe, de fournir un local convenable pour la tenue des audiences de la justice de paix. Il leur est loisible de se procurer ce local par voie de location. Elles doivent en tous cas l'entretenir et le réparer. En outre, la fourniture et l'entretien du mobilier nécessaire est à leur charge. Mais les autres dépenses, telles que : éclairage, chauffage, impressions, frais de bureau, etc., sont à la charge du département, aux termes de la loi du 10 mai 1838.

Lors de la discussion de la loi de 1837, on avait pensé que l'État ou le département devraient prendre à leur charge la totalité des dépenses des justices de paix. La Chambre des pairs avait à cet effet supprimé notre paragraphe, mais il fut maintenu par la Chambre des députés et définitivement adopté. Le projet adopté par cette chambre mettait une partie des frais dont nous nous occupons à la charge des communes qui font partie du canton, et entre lesquelles la répartition en était faite par le préfet; mais sur les observations du ministre, on adopta la rédaction actuelle, parce que, dit-on, les avantages que le chef-lieu de canton peut retirer de l'existence de la justice de paix sont de nature à l'indemniser largement des charges que la loi lui impose.

11° Dépenses de la garde nationale.

Ces dépenses, qui étaient déterminées par les décrets des 25 octobre, 9 novembre 1870 et la loi du 21 mars 1871, ne doivent plus figurer au budget communal depuis la loi du 25 août 1871 qui a aboli la garde nationale.

12° Dépenses de l'instruction publique, conformément aux lois.

La loi du 18 juin 1833 avait déclaré obligatoire la dépense de l'instruction primaire communale. On aurait donc pu se dispenser d'en faire mention dans l'article 30 de la loi de 1837, elle se serait trouvée comprise dans le dernier paragraphe de cet article. Mais on a voulu donner à cette obligation une portée plus générale, et la rédaction adoptée a permis à notre paragraphe de se trouver constamment en harmonie avec les dispositions relatives à l'instruction publique, qui ont apporté de si nombreuses et si utiles modifications à la législation antérieure à 1837.

Il n'est pas sans intérêt, croyons-nous, de faire l'historique de cette législation avant d'exposer quelles sont actuellement les obligations des communes relatives à notre matière.

Une loi du 11 floréal an X institua, dans toutes les grandes villes, des lycées où l'instruction était donnée gratuitement à 6,400 élèves dotés de bourses par l'État.

Ces boursiers étaient choisis parmi les meilleurs élèves des collèges communaux, dont la dépense a toujours été à la charge des communes.

Le décret du 17 mars 1808 vint compléter cette organisation de l'instruction secondaire et instituer l'enseignement supérieur.

Il est remarquable que ni le législateur de l'an X, ni celui de 1808 n'aient compris que dans cette Université, qui venait d'être si solidement établie, si fortement organisée, une place restait vide, une lacune était à combler. Rien n'avait été fait pour l'instruction primaire, qui restait dépourvue de toutes ressources, livrée à des maîtres dont la loi n'exigeait aucune condition de moralité ou de capacité, dans cet état d'infériorité absolue d'où elle ne sortit qu'en 1833.

Mais, antérieurement à cette époque, nous trouvons encore des dispositions législatives qui se rattachent à notre matière. Un décret du 18 mars 1808 obligea les communes à prendre à leur charge 1,200 des bourses créées par la loi de l'an X. C'était là, on le comprend, une lourde charge. Les communes obtinrent, après la chute de l'Empire, d'appliquer ces bourses à leurs collèges communaux.

Un autre décret du 9 avril 1811 abandonna aux communes la propriété des bâtiments affectés au service de l'instruction publique, à charge de les entretenir et réparer sans pouvoir en changer la destination. C'était un véritable impôt sous les apparences d'une donation.

Ce n'est qu'en 1833, qu'on s'occupa spécialement de l'instruction primaire. La loi du 18 juin détermine d'abord les conditions d'aptitude au droit d'enseigner. Elle oblige ensuite toute commune à entretenir au moins une école publique. La commune doit fournir le local et le mobilier de l'école, un logement et un traitement de 200 francs à l'instituteur. Celui-ci perçoit en outre une rétribution scolaire qui est à la charge des élèves en état de l'acquitter. Les enfants indigents sont admis gratuitement à l'école, mais le Conseil municipal doit payer de ce chef un supplément de traitement à l'instituteur. Cette loi, pour donner une sanction à ses dispositions, portait dans son article 13 : « Que si les ressources ordinaires de la commune sont insuffisantes à l'acquittement de ces dépenses, le Conseil pourrait voter et, au besoin, il pourrait être établi d'office une imposition spéciale dont le maximum ne pourrait excéder 3 centimes additionnels aux contributions foncière et personnelle mobilière. »

La loi de finances du 17 août 1835 autorisa l'addition des 3 centimes spéciaux aux quatre contributions.

Tel fut le système organisé par la loi de 1833. Mais une lacune grave subsistait encore dans la législation. Aucune disposition de cette loi ne s'occupait des écoles de filles. Leur établissement était facultatif; l'inspection en avait été confiée aux préfets par une ordonnance de 1820; une autre ordonnance du 6 janvier 1830 avait placé sous la surveillance des évêques celles dirigées par des congrégations religieuses, et c'était alors la presque totalité. Mais rien n'avait été prescrit pour doter les communes des établissements d'instruction destinés aux filles.

Cette injustice de la loi finit par attirer l'attention publique : l'élan imprimé par la loi de 1833 à l'instruction populaire finit par triompher de toutes les résistances, et en 1850, une loi restée célèbre, la loi du 15 mars, vint opérer les réformes réclamées par l'opinion publique.

Cette loi rend obligatoire la création d'une école de filles dans toute commune ayant plus de 800 habitants. L'école doit être publique; les enfants appartenant aux familles hors d'état de payer la rétribution scolaire sont admises gratuitement, et la commune doit assurer à l'institutrice un traitement minimum de 400 ou 500 francs, selon la classe à laquelle appartient cette institutrice.

La même loi décida que toutes les communes seraient tenues d'assurer un minimum de 600 francs de traitement aux instituteurs, dont le traitement fixe, ajouté à la rétribution scolaire et aux diverses autres allocations, n'atteindrait pas ce chiffre.

Un décret du 31 mars 1853 créa des instituteurs suppléants pour les écoles de hameaux ou de communes peu importantes. Leur traitement variait de 400 à 500 francs. Les décrets des 20 juin 1858 et 29 décembre 1860 ont supprimé cette classe d'instituteurs et accordé à tous, sans distinction, le même traitement. Ces décrets ont en même temps institué les adjoints qui peuvent être chargés de la direction des écoles de hameaux, mais dont le rôle habituel est de partager le travail de l'instituteur, qui les choisit et les fait agréer par le préfet.

Enfin, la loi de 1867 (10 avril) a rendu obligatoire, pour toutes les communes ayant plus de 500 habitants, l'entretien d'une école de filles. Elle a aussi cherché à favoriser l'établissement de la gratuité dans les écoles primaires.

Depuis la loi de 1850, les écoles sont placées sous la haute surveillance d'un Conseil départemental qui, entre autres attributions, a le droit de fixer le nombre d'écoles que doit entretenir chaque commune, de dispenser certaines communes pauvres de cet entretien, d'autoriser plusieurs communes à se réunir pour l'entretien d'une école à frais communs, etc., etc.

La même loi de 1850 contient des dispositions relatives aux établissements d'instruction secondaire des communes, qui sont encore en vigueur et que nous analyserons plus loin.

Le régime inauguré par les dispositions législatives dont nous venons de faire l'exposé sommaire au point de vue spécial qui nous occupe, est encore celui de l'instruction primaire. Des modifications importantes ont été apportées depuis 1867, mais l'organisation, la base du système sont restées les mêmes. C'est toujours la commune qui doit pourvoir aux dépenses de ses écoles.

Nous allons exposer, avec tous les détails qu'elle comporte, cette obligation des communes, en indiquant soigneusement les modifications introduites en cette matière par deux lois toutes récentes des 19 juillet 1875 et 1er juin 1878 :

Toute commune doit par elle-même, ou par sa réunion avec une ou plusieurs communes, entretenir au moins une école publique de garçons. Les communes de 500 habitants et au-dessus doivent en outre avoir au moins une école de filles.

Le Conseil départemental créé par la loi de 1850 peut autoriser la réunion des communes pour l'entretien d'une école à frais communs. C'est à ce même conseil qu'appartient le droit d'autoriser, dans les communes ayant moins de 500 habitants, la création d'écoles mixtes. C'est à lui qu'il appartient de dispenser une commune de l'entretien d'une école publique s'il existe sur son territoire une école libre dans laquelle elle obtienne l'admission gratuite de ses enfants indigents. Nous avons déjà signalé les autres attributions de ce conseil.

La direction des écoles est confiée à des instituteurs ou à des institutrices. Le local de l'école, le mobilier scolaire doivent être fournis par la commune. La loi ne faisait pas une obligation aux communes de bâtir des écoles ; elle leur laissait la faculté de se procurer le local nécessaire par voie de location ou autrement. Ce n'est que dans le cas où il était impossible de se procurer ce local que la construction devenait obligatoire. La loi du 1ᵉʳ juin 1878 a apporté sur ce point une amélioration considérable à la législation antérieure, en décidant (art. 14) que la construction d'une école serait obligatoire pour toutes les communes auxquelles le Conseil départemental imposerait cette charge. Nous verrons plus tard comment il est pourvu à cette dépense.

La commune peut se libérer de son obligation par l'acquisition d'un local convenable. Elle peut même très exceptionnellement être autorisée à conserver son école dans des bâtiments loués à un proprétaire, si d'ailleurs ces bâtiments remplissent les conditions voulues.

La commune doit en outre un logement pour l'instituteur, sa famille et ses adjoints, s'il en a. Même obligation envers les institutrices.

Le traitement de l'instituteur se compose : 1° d'une allocation fixe de 200 fr. à la charge des communes (loi de 1833); 2° du produit de la rétribution scolaire; 3° d'une somme éventuelle et variable payée par la commune pour les enfants indigents admis gratuitement à l'école ; 4° d'un supplément destiné à porter le traitement à 900, 1000, 1100 et 1200 fr., selon la classe à laquelle appartient l'instituteur (loi de 1875).

Le traitement des institutrices se compose de la même manière. Le minimum qu'il doit atteindre varie seul; il est de 700, 800 et 900 fr., suivant la classe à laquelle appartient l'institutrice.

Le traitement des adjoints est au minimum de 700 fr., celui des adjointes de 600 fr. Lorsque l'adjoint ou l'adjointe est chargé de la direction d'une école de hameau, ces minima sont élevés à 800 et 650 francs.

Le concours d'un adjoint ne peut être réclamé par l'instituteur que si le nombre des élèves qui fréquentent habituellement l'école est supérieur à quatre-vingt. Le Conseil départemental peut décider que le traitement des adjoints sera prélevé en partie sur la rétribution scolaire. Mais cela ne peut nuire en rien au minimum de traitement auquel l'instituteur a droit. (Loi de 1867.)

Le taux de la rétribution scolaire est fixé par le Conseil départemental, sur l'avis du Conseil municipal. C'est le préfet qui détermine le montant de la rétribution due par la commune pour ses enfants indigents; la liste de ces élèves est dressée annuellement par le maire et approuvée par le sous-préfet. (Loi de 1867.)

Dans les communes qui pourvoient avec leurs propres ressources à toutes les dépenses de l'instruction primaire, les diverses allocations fournies à l'instituteur peuvent être converties en un traitement fixe, déterminé par le Conseil départemental, et qui ne peut en aucun cas être inférieur au minimum réglementaire. Dans ce cas, la rétribution scolaire est perçue pour le compte de la commune. (Loi de 1850.)

Telles sont les dépenses de l'instruction primaire à la charge des communes. C'est la loi de 1875 qui les a accrues dans une si large proportion en améliorant la condition des instituteurs et des institutrices par la fixation d'un traitement mieux en rapport avec les exigences de la mission qu'ils ont à remplir. Cette même loi, pour stimuler le zèle des membres du personnel enseignant, accorde certaines primes de 100, 200 fr. à ceux qui se sont distingués dans les concours ou qui ont obtenu des grades universitaires plus élevés que ceux qui sont requis pour avoir le droit d'enseigner. Elle dispose enfin que l'avancement des intituteurs d'une classe dans une autre aura lieu de plein droit après cinq années de services dans la même classe. Ainsi donc, au bout de quinze ans au maximum, l'instituteur doit être de la première classe. Pour les institutrices, qui sont divisées en trois classes, ce délai se réduit à dix ans.

Si la loi de 1875 a augmenté les charges des communes relatives à l'instruction publique, elle n'exige cependant qu'une contribution obligatoire relativement peu importante de celles qui se refusent à acquitter les dépenses qu'elle leur demande. Ici, en effet, comme dans une autre matière que nous aurons à traiter, les chemins vicinaux, la dépense obligatoire est limitée d'abord par le taux assigné par la loi à cette dépense, et aussi par les ressources qu'elle oblige la commune à y affecter. C'est l'étude de ces ressources que nous allons aborder.

Nous avons déjà dit que la loi de 1833 autorisait et au besoin imposait la levée de 3 centimes spéciaux en cas d'insuffisance des ressources ordinaires de la commune. La loi de 1875 a élevé à 4 centimes cette imposition.

Donc, sous l'empire de cette loi et sauf les modifications apportées en 1878 pour la construction des maisons d'école, la commune doit employer tous ses revenus ordinaires disponibles aux dépenses que nous avons fait connaître ; le minimum de ces dépenses est-il couvert, la commune ne doit plus rien. Que si les ressources ordinaires disponibles sont insuffisantes, et c'est le cas le plus fréquent, elle est libérée envers l'État par le vote de 4 centimes additionnels. C'est le maximum de l'imposition qui peut être levée d'office, si elle se refuse à la voter.

La loi a mis à la charge du département une partie des dépenses qui nous occupent. Son contingent doit être réparti entre toutes les communes qui n'ont pas des ressources suffisantes ; il est obligatoire. Fixé à 2 centimes additionnels par la loi de 1850, à 3 centimes par celle de 1867, il a été porté à 4 centimes en 1875.

L'État s'est réservé la plus large part des dépenses de l'instruction primaire, et c'est justice; n'est-il pas en effet le premier et le plus directement intéressé à la diffusion des lumières, au développement de l'instruction populaire, qui constituent les éléments les plus certains de la prospérité publique, de la grandeur et de la gloire du pays?

Le crédit inscrit au budget du ministère de l'instruction publique pour contribution aux dépenses des communes, relatives à l'instruction primaire, était de 12,837,000 fr. en 1876; il a été porté à 15,032,000 fr. en 1879; il figure pour 15,432,000 fr. au budget de 1880. En y ajoutant les subventions, secours pour les constructions d'écoles et autres dépenses non obligatoires, on obtient le total de 22,365,000 francs.

Nous l'avons déjà dit plus haut, une loi toute récente du 1er juin 1878 est venue imposer une obligation nouvelle aux communes. Désormais, partout où la création d'une école aura été décidée par l'autorité compétente, c'est-à-dire par le Conseil départemental, les frais d'acquisition, construction, appropriation des locaux, d'acquisition du mobilier scolaire, constitueront une dépense obligatoire pour la commune où l'école doit être créée. Le Conseil départemental pourrait imposer la même obligation aux communes déjà pourvues d'une école dont l'installation paraîtrait défectueuse.

Il résulte clairement de cette loi que la dépense en question ne doit pas être acquittée à l'aide des centimes spéciaux obligatoires; la commune doit faire un sacrifice, s'imposer extraordinairement, et voici les avantages que la loi lui accorde en retour. Le ministre est autorisé à distribuer, entre les communes qui auront fait des sacrifices proportionnés à leurs revenus, une somme de 60,000,000 à titre de subvention. La subvention ne peut être accordée que sur l'avis du préfet et après examen des plans et devis qui doivent accompagner la demande de la commune.

Toutes les communes sont autorisées en outre à emprunter à une caisse spéciale les fonds nécessaires à la construction des écoles jusqu'à concurrence de 60,000,000 que la caisse est chargée d'avancer, ainsi que la somme destinée aux secours accordés par le ministre. L'emprunt devra être autorisé comme en matière ordinaire par un décret ou une loi. Le remboursement des avances faites aux communes s'effectuera en trente-deux années au maximum par le paiement semestriel d'une somme de 2 fr. 50 par 100 francs empruntés.

Si les communes se refusent à voter les fonds nécessaires à la création des écoles, il y est pourvu d'office soit au moyen des fonds disponibles qu'elles peuvent avoir, soit par des subventions de l'État ou des départements, soit par un emprunt contracté d'office à la caisse spéciale.

Ici est l'innovation de la loi de 1878. L'administration peut forcer la commune à emprunter. Il faut pour cela que le préfet ait jugé cette mesure nécessaire et que le Conseil général ait autorisé l'emprunt. Après cela le maire, ou à son défaut un délégué spécial nommé en vertu de l'article 15 de la loi du 18 juillet 1837, empruntera à la caisse pour la construction des écoles, après y avoir été préalablement autorisé conformément à la loi. Il sera pourvu au remboursement de l'emprunt comme nous l'avons déjà expliqué ; les sommes à y consacrer seront obtenues au moyen d'une imposition spéciale établie par *décret*.

Cette loi s'est proposé de faire intervenir l'État d'une manière directe dans la construction et les travaux d'appropriation des écoles. Beaucoup de communes en effet sont pourvues de locaux scolaires absolument insuffisants ou ne remplissant pas les conditions d'hygiène indispensables pour amener la fréquentation des écoles ; dans certaines communes il n'existe même pas de

maison d'école, et si l'on veut savoir quelle est l'importance de
la loi dont nous venons de faire connaître l'économie, il suffit
de citer les chiffres signalés dans le rapport de M. Dauphin
devant le sénat. Il y a à construire ou à reconstruire 17,320
maisons d'écoles dans les communes ou hameaux ; celles à
acquérir ou à approprier sont au nombre de 3,229 ; celles à
agrandir, 5,458 ; à réparer, 7,380. Il y a 19,857 mobiliers
scolaires à acquérir. Ces chiffres parlent mieux que tous les
raisonnements.

Les communes peuvent établir la gratuité dans leurs écoles
publiques. Le traitement des instituteurs est fixé dans ce cas
par le Conseil départemental ; il doit être proportionné au
nombre des enfants qui fréquentent l'école. La loi de 1867
autorisait les communes qui veulent établir la gratuité de l'enseignement primaire à s'imposer, outre les 4 centimes obligatoires, 4 centimes additionnels. La loi du 26 décembre 1876 a
porté à 10 le nombre des centimes facultatifs que les communes peuvent affecter à l'établissement de la gratuité dans les
écoles.

Seulement la commune, en se privant d'une source des
revenus que la loi affecte à l'instruction publique, la rétribution
scolaire, perd le droit de réclamer le concours du département
et de l'État dans la dépense qu'elle s'impose. Mais en fait les
subventions de l'État ou du département ne lui sont jamais
refusées dans ce cas. La loi de 1867 autorise même le département à affecter à cette dépense le produit du troisième centime
spécial à l'instruction primaire autorisé par elle.

Nous devons, pour compléter nos explications sur ce sujet,
signaler en terminant deux projets de la loi soumis en ce moment
à l'approbation du pouvoir législatif. Le premier a été présenté
par le ministre de l'instruction publique, le second par M. Paul
Bert, député. Les communes seraient toujours obligées d'après
ces projets de fournir les locaux, le mobilier, l'éclairage et le

chauffage des écoles, le logement des instituteurs, des institutrices et de leurs adjoints ou adjointes. Mais l'État se chargerait du traitement du personnel enseignant et percevrait sur les départements les 4 centimes ordinaires et sur les communes les 4 centimes obligatoires et les 10 centimes facultatifs.

Enfin l'instruction primaire serait déclarée gratuite, obligatoire et laïque.

Les communes ont, en outre des dépenses de l'instruction primaire, à supporter certaines obligations relatives à l'instruction publique.

D'abord les villes chefs-lieux d'académie doivent fournir le local nécessaire aux séances du conseil d'académie et aux bureaux du rectorat. (Décret du 17 mars 1808.) Une circulaire du 17 avril 1854 a exprimé le vœu que les villes en question fournissent au recteur un logement attenant aux bureaux, et toutes les villes ont obéi à ce désir.

Le nombre des académies est de 17, y compris celle d'Alger. Le décret de 1808 en avait créé 27 ; ce nombre fut réduit à 20 en 1848. La loi du 15 mars 1850 en établit une dans chaque département, mais en 1854, leur nombre fut réduit à 17.

Les communes ne sont pas tenues d'avoir un établissement d'enseignement secondaire, mais si elles veulent en créer un, elles doivent s'engager à fournir le local, le mobilier et les collections nécessaires à la tenue des cours. Le traitement du principal et des professeurs doit être garanti pour cinq ans ; il est obligatoire lors même que le produit de la rétribution des élèves ne suffirait pas à l'acquitter.

Si les communes veulent faire ériger leurs collèges en lycées, elles doivent s'engager comme précédemment à fournir les locaux et le mobilier nécessaires et, de plus, à créer et entretenir, pendant dix ans au moins, un certain nombre de bourses à fixer de gré à gré avec le ministre. Le traitement du proviseur et des professeurs est à la charge de l'État.

Aux termes de l'article 73 de la loi de 1850, l'État peut, à l'expiration des dix ans, et malgré le vœu de la commune, conserver le lycée et le pensionnat qui y aurait été établi, ainsi que les collections, le mobilier, etc., fournis par la commune. Celle-ci ne reprendrait le libre usage des locaux et de ces divers objets que si l'État consentait à leur retirer l'affectation qu'ils ont reçue. La ville devrait toujours les réparations et même l'entretien des bâtiments en question. C'est ce qui résulte de la loi de 1850, de la loi du 11 floréal an X et du décret du 9 avril 1811, qui ont abandonné aux communes la propriété des édifices anciennement affectés à l'instruction publique et réunis au domaine de l'État en 1789. Une ordonnance du 17 février 1815 disait bien que les communes « continueraient d'être tenues des grosses réparations nécessaires aux bâtiments affectés à l'instruction publique », mais la jurisprudence considère que cette ordonnance n'a pas diminué les charges imposées aux communes par le décret de 1811. (Ordonnance-arrêt du Conseil, 16 décembre 1830. — Arrêt de cassation, 17 mars 1836.)

Les communes doivent donc, outre les grosses réparations dont elles sont tenues envers tous les édifices communaux, les réparations d'entretien, d'appropriation que peuvent exiger les bâtiments occupés par les lycées et collèges. Elles ne pourraient formuler de ce chef aucune réclamation contre l'Université. (Arrêt de cassation, 21 janvier 1851.)

13° L'indemnité de logement aux curés et desservants, et autres ministres des cultes salariés par l'État.

Les communes, bien que cela soit encore un peu discuté, sont devenues propriétaires, en vertu de la loi du 18 germinal de l'an X, des églises et presbytères rendus au culte. Mais l'abandon que l'État leur a fait de ces édifices dont il était propriétaire, leur a imposé l'obligation de fournir un logement aux curés ou desservants des paroisses. S'il existe un presbytère, pas de difficultés; la commune ne doit aucune indemnité de logement, soit que le presbytère lui appartienne, soit qu'il appartienne à la fabrique.

Mais s'il n'y a pas de presbytère, la commune doit fournir une indemnité de logement au curé ou desservant, dans le cas où la fabrique n'a pas de ressources suffisantes pour supporter cette dépense.

L'application de ces règles a donné lieu à quelques difficultés que nous allons signaler.

La commune n'est pas obligée de fournir un presbytère si elle n'en possède pas un; mais s'il en existe un, elle ne peut le détourner de l'affectation qui lui est propre. Il y a cependant une exception faite par l'ordonnance du 3 mars 1825, pour les parties superflues d'un presbytère que la commune voudrait affecter à un service public, et sur laquelle nous reviendrons.

Mais si la commune est tenue de respecter la destination donnée au presbytère, elle ne serait pas tenue de le rebâtir si, par suite d'un accident, il venait à être détruit; alors même qu'elle toucherait une indemnité d'assurances, dans le cas d'un incendie, ou l'indemnité représentative de l'immeuble dans le cas d'expropriation. C'est ce qui résulte de plusieurs décisions ministérielles. Et en effet, le décret du 30 décembre 1809, comme la loi de 1837, n'imposent à la commune qu'une seule obligation : fournir le logement ou une indemnité. En donnant un presbytère, la commune use d'une faculté qui lui est reconnue; mais le jour où elle ne peut plus, par suite d'un événement qui lui est étranger, s'acquitter ainsi de son obligation, elle reprend le droit que lui donnent la loi de 1837 et le décret de 1809, de fournir une indemnité de logement (1).

Les réparations d'entretien du presbytère sont à la charge de la fabrique, mais la commune serait tenue d'y pourvoir en cas d'insuffisance des ressources de celle-ci. Il en serait de même des grosses réparations à exécuter au presbytère. Nous reviendrons sur cette question dans nos explications sur le paragraphe 14 de notre article.

Nous avons dit que l'ordonnance du 3 mars 1825 faisait exception à la règle qui oblige les communes à respecter l'affectation des presbytères. Voici, en effet, quel est le sens de cette ordonnance : S'il existe dans le presbytère des *parties superflues,* la distraction peut en être demandée par la commune. Elle sera autorisée par le chef de l'État, le Conseil d'État entendu. La demande de la commune devra, pour être admise, être revêtue de l'avis du préfet et de l'évêque, et accompagnée du plan figuratif des parties à distraire et du logement qui restera au curé ou desservant après cette distraction.

Ajoutons que cette même ordonnance autorise les curés ou desservants autorisés à biner dans les succursales vacantes, à jouir du presbytère de ces succursales, tant qu'ils exercent leur double service. Ils pourraient même louer le presbytère en tout ou en partie avec l'autorisation de l'évêque. Mais ce droit n'existerait plus dès qu'ils auraient cessé de remplir le service dont ils avaient été provisoirement chargés.

A défaut de presbytère, la commune doit fournir un logement ou une indemnité. Tel est du moins le sens apparent de notre paragraphe. Mais tout le monde reconnaît que la loi

---

(1) Il a été décidé en 1864 dans le même sens, par le ministre de l'intérieur, qui a refusé d'inscrire au budget d'une commune la dépense nécessaire à la reconstruction d'un presbytère dont le Conseil municipal avait décidé la démolition pour cause de vétusté. (*Bull.*, 1864.)

de 1837 n'a pas entendu créer d'obligations nouvelles pour les communes, qu'elle s'est bornée à coordonner les anciennes. Il faut donc savoir si, antérieurement à notre loi, les communes étaient tenues de cette dépense ; et nous sommes d'avis que le décret de 1809 l'a mise d'abord à la charge des fabriques ; ce n'est donc, ainsi que nous l'avons déjà annoncé, que dans le cas où les ressources de la fabrique sont insuffisantes, qu'il y aurait lieu de mettre la dépense à la charge des communes.

Mais ce que nous disons là a été très sérieusement controversé, et la solution que nous croyons devoir accepter est repoussée par plusieurs auteurs, M. Batbie entre autres, qui font de notre dépense une charge communale, due *principaliter* par la commune.

Voici les éléments de la controverse. Le décret du 30 décembre 1809, article 92, dit : « La commune doit : 1° ...; 2° fournir aux curés ou desservants un presbytère età défaut une indemnité de logement. » L'article 93 est ainsi conçu : « Dans le cas où les communes sont tenues de *suppléer* à l'insuffisance des revenus de la fabrique pour les deux premiers chefs de l'article précédent, etc... »

Il y a contradiction entre ces deux dispositions, il faut donc opter pour l'une d'elles. Nous l'avons déjà dit, nous pensons que le décret de 1809 n'a pas voulu mettre à la charge exclusive des communes une dépense qui est destinée à assurer l'exercice du culte et qui doit, comme toutes celles de même nature, rester à la charge de la fabrique préposée par la loi à l'administration des intérêts temporels du culte catholique. C'est ce qui a été reconnu par de nombreux avis du Conseil d'État, notamment : celui du 21 août 1839, rendu en assemblée générale, qui a décidé formellement que l'indemnité de logement n'est à la charge des communes que dans le cas où les ressources de la fabrique sont insuffisantes.

M. Batbie a vivement combattu le système que nous venons

d'exposer. Il ne s'attache pas à l'étude des articles 92 et 93 du décret de 1809, sa décision est basée sur la situation réciproque des communes et des fabriques. « Que doivent les communes, » dit-il? un presbytère. L'indemnité de logement n'est due que » subsidiairement; l'obligation principale c'est le presbytère. » Donc, pour apprécier la nature de l'obligation subsidiaire, il » faut se référer à l'obligation principale; or la construction » des presbytères est une charge *exclusivement communale* (¹). »

« Comment expliquer, du reste, l'inégalité qui, suivant le » système de nos adversaires, existerait entre les communes » ayant un presbytère et celles qui n'en ont pas? Les unes » donneraient gratuitement leur loyer, les autres seraient » affranchies de toute obligation (²). »

Ces raisons ne nous séduisent pas. M. Batbie place la question sur un terrain où il n'est pas difficile de détruire son argumentation.

L'obligation principale des communes, dit-il, est de fournir un presbytère. La construction du presbytère est une dépense communale.

Distinguons sur ce point. Si la commune est pourvue d'un presbytère, elle doit l'affecter au logement du curé ou desservant. Mais ce presbytère s'est trouvé compris dans la restitution faite aux communes, des édifices consacrés au culte, ou s'il n'existait pas à cette époque, la commune a librement consenti à sa construction. Et cette hypothèse écartée, car dans l'espèce la charge des communes ne serait pas bien lourde ou serait volontaire, que reste-t-il? l'obligation de payer une indemnité de logement, à moins que la commune ne veuille se libérer par la prestation d'un presbytère. Il s'agit donc d'une obligation non pas alternative mais facultative, et c'est le presbytère qui

(¹) Batbie, *Traité de droit administratif*, t. V, p. 250.
(²) Batbie, *Journal de droit administratif*, année 1854, p. 318.

se trouve *in facultate solutionis.* Or l'esprit général du décret de 1809 et le texte de l'article 93 de ce décret indiquent nettement à qui incombe la charge de l'indemnité de logement et par conséquent du presbytère à fournir.

La construction des presbytères est une *charge communale,* dit encore M. Batbie. C'est là une erreur ; la commune peut consentir à l'acquisition d'un presbytère, mais c'est là une simple faculté, qui est laissée à la fabrique elle-même, et la dépense qui en résulte est si peu une charge communale, que dans le dernier cas, lorsque la fabrique acquiert un presbytère, la commune ne devrait même pas l'indemnité de logement, car la loi n'exige cette indemnité qu'à défaut de presbytère, sans rechercher à qui ce dernier peut appartenir.

Mais le grand argument de M. Batbie, c'est l'*inégalité que notre système créerait entre les communes ayant un presbytère et celles qui n'en ont pas.* Cette inégalité est factice. Si la commune a consenti, en effet, à la construction d'un presbytère, elle s'est volontairement imposé un sacrifice que la loi ne lui demandait pas. Si ce presbytère provient de la restitution faite aux communes par la loi de germinal an X, la situation de la commune est encore moins inégale. La restitution faite par l'État n'a été consentie, en effet, que sous la réserve expresse que la commune prendrait à sa charge les obligations qui pesaient sur l'État, et notamment celle de fournir un logement dans le presbytère aux curés et desservants. Nous voulons bien reconnaître que la prétendue donation de l'État peut être un peu onéreuse pour les communes obligées de faire les réparations des presbytères sans pouvoir tirer aucun profit de ces immeubles ; mais ces réparations ne sont dues qu'en cas d'insuffisance des revenus de la fabrique, et la dépense qu'elles entraînent peut-elle être comparée à celle que supportent les communes qui n'ont pas de presbytère et qui doivent par conséquent payer l'indemnité de logement ?

Donc l'indemnité de logement n'est due par la commune que dans le cas où les revenus de la fabrique sont insuffisants, et cette insuffisance devra être constatée par le Conseil municipal, ainsi que nous l'expliquerons un peu plus loin.

Les autres ministres des cultes dont parle notre paragraphe sont les ministres protestants et les rabbins.

Aucun texte avant la loi de 1837 n'obligeait les communes à leur fournir un logement. Un décret du 5 mai 1806 semblait déclarer que c'était là une charge facultative pour les communes, du moins en ce qui concerne les ministres protestants. Mais depuis 1837, une loi du 7 août 1842 a réglementé l'obligation si vague et si générale imposée par la loi du 18 juillet. Elle dispose qu'à défaut de local affecté au logement des pasteurs protestants, les communes dans lesquelles ils sont appelés à exercer leur ministère doivent leur payer une indemnité de logement, à dater du jour de leur installation.

Si le service du pasteur ne comprend qu'une seule commune, le préfet fixe l'indemnité après avoir consulté le Consistoire et le Conseil municipal. Si le service du pasteur comprend plusieurs communes, le préfet détermine le contingent de chacune d'elles, après avis des Conseils municipaux.

Si deux pasteurs résident dans la même ville, l'indemnité de logement doit être également répartie entre eux s'ils sont chargés du même service. Si l'un était chargé exclusivement du service des communes voisines, les frais de son logement seraient à la charge de ces communes.

Tout ce qui précède devrait s'appliquer au logement à fournir aux ministres du culte israélite. Les ministres de ce culte qui ont droit à l'indemnité dont nous nous occupons, sont: les rabbins communaux et les grands-rabbins lorsqu'ils remplissent les fonctions de rabbin communal.

14° **Secours aux fabriques des églises et autres administrations préposées aux cultes dont les ministres sont salariés par l'État, « en cas d'insuffisance de leurs revenus », justifiée par leurs comptes et budgets.**

Malgré son texte général, notre paragraphe vise spécialement le culte catholique, et la discussion qui s'engagea en 1837 sur cette partie de l'article 30 de la loi suffit à le démontrer. Rarement, en effet, les communes viennent au secours des cultes protestant et israélite. Les dépenses de ces cultes sont assez restreintes et leurs ressources propres y suffisent. L'obligation de fournir à leurs ministres une indemnité de logement est peut-être la seule que les communes aient à supporter à leur égard.

En ce qui concerne le culte catholique, les frais et dépenses sont si considérables que, malgré les ressources importantes dont les fabriques disposent, le concours de la commune est presque toujours réclamé et rentre même au nombre des ressources ordinaires des fabriques. (Art. 36 du décret du 30 déc. 1809.)

La loi de 1837 n'a fait que reproduire l'obligation que ce décret de 1809 imposait aux communes. Elle y a ajouté cependant une garantie que les communes ne pouvaient exiger avant cette époque : c'est la production des comptes et du budget de la fabrique, destinée à établir l'insuffisance des ressources, qui rend le secours de la commune obligatoire.

On comprend cependant que, malgré cette précaution prise par le législateur, des difficultés nombreuses peuvent encore s'élever entre les communes et les fabriques ; tantôt c'est l'emploi des ressources de la fabrique qui est critiqué par le Conseil municipal, tantôt c'est la quotité des secours demandés qui est discutée. Aussi les tribunaux civils ou administratifs ont-ils souvent à intervenir dans cette question, et c'est à l'aide de leurs décisions et des instructions ministérielles que nous allons aborder l'étude de ces difficultés.

Tout d'abord la commune ne doit subvenir qu'aux dépenses déclarées obligatoires pour la fabrique et auxquelles celle-ci doit appliquer en premier lieu les ressources dont elle dispose ([1]). Ces dépenses sont énumérées dans l'article 37 du décret de 1809. Cet article est ainsi conçu : « Les charges de la » fabrique sont : 1° de fournir aux frais nécessaires du culte, » savoir les ornements, les vases, le linge, le luminaire, le pain, » le vin, l'encens, le traitement des vicaires, chantres, sacris- » tains, organistes, sonneurs, suisses, bedeaux et autres » employés au service de l'église, selon la convenance et les » besoins des lieux; 2° de payer les honoraires des prédica- » teurs de l'Avent, du Carême et autres solennités; 3° de » pourvoir à la décoration et aux dépenses relatives à l'em- » bellissement intérieur de l'église; 4° de veiller à l'entretien » des églises, presbytères et cimetières, et, en cas d'insuffisance » des revenus, de faire toutes diligences nécessaires pour qu'il » soit pourvu par la commune aux réparations et reconstruc- » tions. »

Nous nous arrêterons sur celles de ces dépenses qui ont soulevé des difficultés.

Et, d'abord, les grosses réparations. A ne consulter que notre article, il est bien certain qu'elles sont à la charge des fabriques; mais l'art. 92, § 3, les met *principaliter* à la charge des communes. Il faut donc opter entre ces deux articles, et dans une opinion, qui du reste ne compte pas beaucoup d'adversaires, on invoque l'art. 46, § 4, pour trancher la difficulté. Cet article s'exprime ainsi sur l'emploi des revenus des fabriques : « ... 4° les frais des réparations locatives... La

([1]) Avis du Conseil. Sect. de l'Int., 13 mars 1851.

» portion des revenus qui restera sera affectée au traitement
» des maires ; *l'excédant, s'il y en a, servira aux grosses*
» *réparations.* » Aucun doute n'est possible en présence de ce
texte, et nous nous rangeons sans réserve à cette opinion, en
faveur de laquelle on pourrait citer l'art. 94 du même décret,
qui porte : « S'il s'agit de *réparations,* et que la dépense
» ordinaire arrêtée par le budget ne laisse pas de fonds
» disponibles, il sera fait *toutes diligences nécessaires* pour
» obtenir *le concours* de la commune. » En ce sens, nous
citerons encore un arrêt du Conseil d'État rendu, toutes
chambres réunies, le 21 août 1839.

Lorsque la commune est tenue de contribuer à la dépense
des grosses réparations, elle doit être mise en mesure d'apprécier l'opportunité des travaux, la quotité du secours à
accorder, etc. Les diverses formalités à remplir dans ce cas
seront exposées un peu plus loin.

Les reconstructions dont parle l'article 37 sont comme les
grosses réparations à la charge des fabriques. Seulement les
dépenses qu'elles entraînent sont si considérables que la
commune se trouve toujours obligée d'y participer et souvent
pour la plus large part. A cet égard, la jurisprudence décide
que toute commune doit pourvoir à l'établissement sur son
territoire des édifices nécessaires à l'exercice du culte de ses
habitants. Ce principe conduirait à décider que la commune
est tenue *principaliter* des reconstructions d'églises, lorsqu'elles
sont jugées nécessaires. Mais ce serait évidemment violer
l'art. 37 du décret de 1809, et la jurisprudence recule devant
cette conséquence. Mais elle décide que si une église est
reconnue insuffisante à contenir les fidèles, il y a lieu de
pourvoir à sa reconstruction, ou à son agrandissement ; et la
commune serait tenue d'en supporter la dépense si les
ressources de la fabrique étaient insuffisantes et si l'enquête
prescrite par l'art. 95 du décret de 1809 avait démontré la

nécessité des travaux ([1]). (Arrêt du Conseil, 7 février 1856.)
Une décision ministérielle de 1863 met au nombre des agran-
dissements nécessaires la construction d'une sacristie. Enfin,
une autre décision déclare obligatoire pour les fabriques, et
par conséquent pour les communes, les reconstructions de
clochers ; mais l'achat des cloches est facultatif pour la
commune. Il est vrai qu'elles pourraient être tenues de pourvoir à la refonte de celles qui seraient détériorées, la refonte
étant considérée comme une dépense d'entretien à la charge
de la fabrique. (*Bull. minist. Int.*, année 1856, p. 109.) On
voit par ce rapide exposé quelles contradictions étranges on
pourrait signaler entre les diverses décisions de la jurisprudence administrative ou ministérielle. Cela tient à ce que cette
matière manque absolument d'un texte clair et précis, qui
définisse nettement les obligations respectives des communes
et des fabriques que le décret de 1809 ne peut servir à
déterminer. Dans les diverses hypothèses que nous avons
prévues, et qui se rattachent aux reconstructions ou grosses
réparations dont parle l'art. 37 du décret de 1809, une enquête
sera nécessaire pour établir l'urgence des travaux à accomplir.
L'art. 95 en règle les formes ; le Conseil municipal sera saisi
de toutes les pièces justificatives de la réclamation formulée
par la fabrique ; il pourra ordonner la production de toutes
celles qu'il jugerait propres à éclairer sa délibération. Cette
formalité remplie, il y aura lieu de désigner un architecte.
Cette nomination sera faite par le préfet, mais la direction des
travaux appartiendra à la commune si elle fournit à la totalité
ou à la majeure partie de la dépense. En tous cas, la commune
et la fabrique auront un droit de surveillance et de contrôle.

([1]) Il a été décidé que l'augmentation de traitement due au curé ou
desservant, pour une seconde messe, pourrait, dans la même hypothèse,
être exigée des communes, si la seconde messe est indispensable au
service régulier du culte.

Ce contrôle pourrait même être exercé par la commune, dans le cas où la fabrique se chargerait de pourvoir seule à la dépense ; et dans cette hypothèse le Conseil municipal devrait encore être consulté. Autrement il pourrait plus tard refuser de concourir à des dépenses qu'auraient entraînées des travaux sur lesquels il n'aurait pas donné son avis. Mais si cet avis a été pris et si la nécessité des travaux est d'ailleurs démontrée, la commune pourrait être obligée de supporter une partie ou même la totalité des dépenses, si les ressources sur lesquelles comptait la fabrique venaient à lui faire défaut en totalité ou en partie.

Si le Conseil municipal refusait le concours qui lui est demandé, il faudrait, avant de recourir aux moyens rigoureux que l'article 39 de la loi de 1837 met au service de l'administration supérieure pour triompher de la résistance des communes, faire déclarer l'urgence des travaux par l'évêque et le préfet, ou bien, en cas de désaccord entre ces deux autorités, par le ministre des cultes.

Une autre dépense de l'article 37 du décret de 1809 qui a donné lieu à des difficultés est le traitement des vicaires. La commune peut soutenir en effet que le service du culte n'exige pas la création d'un vicariat, et d'autre part l'évêque est compétent pour nommer les vicaires sur la demande du conseil de fabrique. La dépense qui en résulte sera donc à la charge de la commune en cas d'insuffisance des ressources de la fabrique. Mais il lui est permis de se pourvoir devant le préfet contre la création du vicariat. Le préfet statue en dernier ressort si l'autorité diocésaine émet un avis conforme à sa décision. Sinon, il faut se pourvoir devant le ministre des cultes.

Nous n'avons rien à ajouter en ce qui concerne les autres dépenses des fabriques, énumérées dans l'article 37 du décret de 1809. Nous ne croyons pas qu'elles aient jamais donné lieu à de sérieuses contestations. Signalons cependant les dépenses d'entretien des églises et presbytères qui peuvent se trouver à la charge des communes, alors que celles-ci ne sont tenues que des grosses réparations à exécuter aux autres édifices communaux.

Les procès que peuvent avoir à soutenir les fabriques donnent lieu à des frais souvent considérables. Un avis du Conseil d'État du 13 mars 1851 les a déclarés facultatifs pour les communes. Nous croyons que cette décision est trop absolue et qu'il faut distinguer entre ceux qui se rattachent aux obligations des fabriques et ceux qui ne présentent pas ce caractère. Les premiers, en effet, peuvent être considérés comme dépenses d'entretien, comme frais de conservation des biens dont la fabrique a l'administration, et à ce titre ils pourraient régulièrement se trouver à la charge des communes. C'est ce qui a été reconnu par de nombreuses décisions ministérielles.

Une même commune peut renfermer plusieurs paroisses, et, bien que le cas soit plus rare, mais non sans exemple, une même paroisse peut comprendre plusieurs communes. L'application des règles que nous avons exposées va subir dans ces deux cas quelques modifications qu'il importe de signaler.

Tout d'abord, si la paroisse comprend plusieurs communes, chacun des Conseils municipaux intéressés doit être appelé à statuer sur le secours qui est demandé par la fabrique ; chacun d'eux doit recevoir communication des diverses pièces qui accompagnent cette demande.

Dans le cas où il s'agit de travaux à exécuter, les maires des diverses communes doivent être convoqués, s'il y a lieu, à la réception des travaux, conformément à l'article 95 du décret de 1809. En cas d'inobservation de ces diverses formalités, vis à vis d'une ou de plusieurs communes, toute participation à la dépense pourrait être refusée. (Arrêt du Conseil, 12 juillet 1866.)

Chaque conseil délibère sur la part qu'il doit supporter dans la répartition de la dépense. Si un accord ne s'établit pas sur ce point entre les Conseils municipaux intéressés, le préfet fait la répartition en Conseil de préfecture.

On a soutenu que les dépenses faites pour réparations aux édifices consacrés aux cultes devaient être supportées par la commune qui en est propriétaire, les autres communes ne devant y contribuer qu'en proportion de la valeur locative procurée par les réparations. Cette solution est basée sur un avis du Comité de l'intérieur de 1869 et sur deux décisions ministérielles de 1833 et de 1840. Mais ces décisions, comme l'avis précité, sont relatives à des dépenses que la loi déclare facultatives ; il s'agissait de la construction de presbytères ; or chaque commune peut se dispenser de fournir un presbytère en payant une indemnité de logement au curé ou desservant. Les réparations dont nous nous occupons sont au contraire obligatoires pour la paroisse. Il ne faut donc pas distinguer la commune propriétaire de l'église des autres communes qui lui sont réunies pour le culte. La dépense les intéresse toutes au même degré, elle est obligatoire pour chacune d'elles.

La proportion dans laquelle chaque commune doit être imposée, a été réglée par la loi du 14 février 1810. S'il s'agit de dépenses ordinaires, la répartition se fera proportionnellement au principal de la contribution personnelle mobilière. S'il s'agit d'une dépense extraordinaire, elle sera faite en proportion de la contribution foncière et personnelle mobilière. Si quelques difficultés s'élevaient au sujet de cette répartition, le préfet devrait prendre l'avis du Conseil général et du Conseil d'arron-dissement, conformément à l'article 72 de la loi de 1837. On a longtemps considéré cet article comme inapplicable à cette matière, puisque la loi de 1810 a fixé d'avance le contingent de chaque commune. Cependant les deux textes ne s'excluent pas ; la loi de 1810 peut en effet soulever dans son application quelques difficultés, notamment : il pourra quelquefois y avoir doute sur le caractère ordinaire ou extraordinaire de la dépense à répartir; l'avis du Conseil général et du Conseil d'arrondissement pourra éclairer le préfet sur la question. Du reste, l'article 72 précité est général, et il faudrait un texte formel pour en empêcher l'application; c'est ce qui a été décidé par deux arrêts du Conseil d'État des 15 juin 1849 et 7 février 1856, qui ont changé complètement la jurisprudence sur ce point.

Lorsqu'une commune comprend plusieurs paroisses, les dépenses du culte doivent peser également sur tous les habitants de la commune. Vainement les habitants d'une paroisse objecteraient que la fabrique de leur église pourvoit à ses dépenses, et n'a pas besoin des secours de la commune pour équilibrer son budget; la loi, sur ce point, ne fait aucune distinction, et la dépense ne pourrait être mise à la charge exclusive des habitants de la paroisse intéressée, lors même que les autres habitants de la commune appartiendraient à un culte différent.

Si une section de commune se trouvait réunie pour le culte à une autre commune, la part contributive qui lui serait assignée, dans la dépense mise à la charge de la paroisse à laquelle elle appartient, devrait être répartie entre tous les habitants de la commune dont elle fait partie. (Avis du Conseil, 9 décembre 1858, 23 juin 1864.)

En ce qui concerne les cultes protestant et israélite, les communes devraient pourvoir aux dépenses que leur exercice nécessite, si les ressources dont ils disposent étaient insuffisantes. Rarement, nous l'avons dit, ce concours des communes est nécessaire. Deux décrets des 5 mai 1806 et 15 septembre 1807 ont rendu obligatoire pour les communes la construction des édifices destinés au culte protestant. Cette disposition devrait s'appliquer par analogie aux synagogues (¹).

(¹) Cette solution, nous devons le reconnaître, n'est fondée sur aucun texte, mais elle nous paraît conforme à l'équité.

Mais il faut pour que ces constructions deviennent obligatoires, qu'il y ait dans la commune une certaine quantité d'habitants appartenant à ces deux cultes. Une enquête serait nécessaire pour établir ce fait.

15° Contingent assigné à la commune, conformément aux lois, dans la dépense des enfants trouvés et abandonnés.

La dépense dont nous nous occupons est, comme celle des aliénés, à la charge du département. Les sommes que les communes sont appelées à fournir ne constituent qu'une subvention, un secours.

Il faut donc connaître quelles sont les charges du département, pour mesurer d'une manière plus exacte celles de la commune. On divise les dépenses des établissements où sont recueillis les enfants trouvés ou abandonnés, en dépenses intérieures, extérieures et frais d'inspection. (Loi du 5 mai 1869.) Les frais d'inspection sont à la charge de l'État. La commune ne contribue qu'aux dépenses intérieures et extérieures. Ces dépenses comprennent : 1° les frais de séjour des enfants dans l'hospice, les salaires des nourrices, les layettes, etc.; 2° les secours destinés à prévenir ou faire cesser l'abandon des enfants; 3° le prix des pensions, allocations réglementaires ou exceptionnelles concernant les enfants placés à la campagne ou dans des établissements spéciaux, les primes aux nourriciers, frais d'école et fournitures scolaires; 4° les frais de vêture; 5° les frais de déplacement des nourrices, des enfants et de l'engagement des nourrices; 6° les registres et imprimés, livrets et signes de reconnaissance prescrits par les règlements; 7° les frais de maladie et d'inhumation des enfants placés en nourrice ou en apprentissage. (Loi du 5 mai 1869.) La part contributive des communes dans ces dépenses était, sous l'empire de l'ancienne législation (décret du 19 janvier 1811), fixée par le ministre, sur l'avis du Conseil général.

La loi du 18 juillet 1866 a donné aux Conseils généraux le droit de déterminer le contingent des communes et d'en faire la répartition entre elles. Son pouvoir, à cet égard, est discrétionnaire et n'a d'autre limite que celle fixée par la loi de 1869, qui ne permet pas que le contingent communal soit supérieur à *un cinquième* de la dépense totale des enfants trouvés.

Quant à la répartition, le Conseil général n'a pas à rechercher le nombre des enfants trouvés appartenant à telle ou telle commune ; il n'est pas nécessaire, pour que le concours de la commune soit obligatoire, qu'un ou plusieurs des enfants assistés aient leur domicile de secours sur son territoire. Le Conseil général peut même décharger de tout concours, des communes ayant un certain nombre d'enfants dans l'asile départemental, et imposer au contraire certaines communes qui n'ont envoyé aucun enfant à l'asile. Sa décision à cet égard est souveraine : elle ne pourrait faire l'objet d'un recours au Conseil d'État que pour violation de la loi.

Nous avons vu qu'il n'y avait pas lieu de se préoccuper du domicile de secours des enfants trouvés ou abandonnés, puisque toutes les communes du département doivent contribuer à la dépense. Cependant on recherche toujours ce domicile, mais c'est afin de déterminer à quel département l'enfant appartient. Il ne peut s'élever de difficultés à cet égard qu'entre les départements.

La jurisprudence considère que l'obligation d'assistance envers les enfants trouvés ou abandonnés doit s'étendre aussi aux orphelins pauvres. (Avis du Conseil, 20 juillet 1842.) Le décret de 1811 avait en effet pour rubrique : *Des secours aux enfants trouvés et orphelins pauvres.* Il n'est pas admissible que la loi de 1869 ait pu l'abroger sur ce point.

16° **Grosses réparations aux édifices communaux, sauf l'exécution des lois spéciales concernant les bâtiments militaires et les édifices consacrés au culte.**

Il avait été sérieusement question, lors de la rédaction de la loi de 1837, de ne pas mentionner dans l'article 30 les grosses réparations dont parle notre paragraphe. On pensait, avec raison peut-être, qu'il était suffisant de s'en remettre à cet égard à la sagesse des Conseils municipaux.

Mais on fit observer qu'il s'agissait de l'avenir de la propriété communale, que la conservation des édifices communaux avait un caractère incontestable d'utilité générale qui devait la rendre obligatoire. On proposait même d'obliger les communes à l'entretien des squares, jardins, promenades, musées, etc...

Cette dernière exigence fut repoussée, et on adopta la rédaction actuelle, qui ne comprend que les grosses réparations aux édifices communaux.

L'autorité préfectorale est compétente pour mettre les communes en demeure d'exécuter les travaux nécessaires à la conservation de ces édifices. En cas de désaccord entre le Conseil municipal intéressé et le préfet, il y aurait lieu d'établir par une enquête l'urgence des réparations. Ce n'est qu'après cette formalité, qu'on pourrait recourir aux moyens rigoureux que l'article 39 de notre loi met au service de l'autorité supérieure.

Les derniers mots du paragraphe que nous expliquons demandent quelques éclaircissements.

Les lois qui concernent les bâtiments militaires sont : 1° les décrets des 23 avril 1810 et 16 septembre 1811, qui ont abandonné aux communes la propriété des bâtiments militaires, à charge de les entretenir et réparer; 2° une ordonnance du 28 janvier 1815 sur le mode de paiement des dépenses d'entretien de ces bâtiments; 3° une loi du 15 mai 1818, dont l'exécution a été réglementée par l'ordonnance du 5 août suivant, et qui attribue l'usufruit des bâtiments militaires au ministre de la guerre, et dispense les communes de toutes les contributions mises antérieurement à leur charge pour le service de la guerre, moyennant un prélèvement dont nous aurons à nous occuper ultérieurement.

On voit quelle est la situation que ces diverses dispositions ont créée aux communes. La donation qui fait l'objet des décrets de 1808 et de 1811 n'a été qu'un moyen détourné de mettre à leur charge une partie des dépenses de l'État, et cela moyennant une concession de propriété quelquefois dérisoire, puisque la destination des bâtiments militaires ne peut être modifiée par les communes. La loi de 1818 a déchargé les communes de toutes les obligations que leur qualité de nu-propriétaires de ces bâtiments pouvait leur imposer, mais elles supportent sur leurs revenus un prélèvement que l'on appelle : frais de casernement.

Si les communes ne peuvent modifier l'affectation de ces bâtiments, il faut reconnaître qu'elles en auraient la libre disposition, dès que le ministre de la guerre cesserait d'en faire usage. Elles ne seraient jamais tenues de construire une caserne qu'en vertu d'un engagement régulier.

Les lois relatives aux édifices consacrés au culte dont parle notre paragraphe sont : 1° le décret du 5 mai 1806, qui oblige les communes à la construction des temples protestants ; 2° le décret de 1809 qui oblige les fabriques à contribuer aux grosses réparations des églises et presbytères, si elles ont des revenus suffisants ; 3° la loi du 14 février 1810 qui a établi la proportion dans laquelle les diverses dépenses obligatoires relatives aux cultes doivent être supportées par les contribuables. On a fait, nous l'avons dit précédemment, quelques difficultés sur l'application du déc. de 1809, mais aujourd'hui la question n'est plus discutée, elle a été implicitement résolue par l'avis dù Conseil d'État dejà mentionné du 24 août 1839. Mais notre paragraphe a donné lieu à une controverse assez sérieuse, à laquelle nous avons déjà fait allusion. Il semble reconnaître en effet que la propriété des édifices consacrés au culte appartient aux communes ; or, cette question a fait doute longtemps dans la jurisprudence et dans la doctrine, et si elle est à peu près constamment résolue aujourd'hui par la jurisprudence en faveur des communes, nous ne sommes pas bien certain que tous les auteurs se soient rangés à cet avis.

Il a été décidé par deux avis du Conseil d'État des 6 pluviôse et 3 nivôse an XIII, approuvés par l'Empereur, que les communes étaient devenues propriétaires des églises en vertu de la loi du 18 germinal an X. Ces deux avis approuvés par l'Empereur ont force de loi. La loi de 1837 résout implicitement la question en faveur des communes. Enfin de nombreux arrêts de cours d'appel, de cassation, du Conseil d'État ont décidé dans le même sens. Il a été même décidé que si postérieurement au décret du 30 mai 1806, qui a attribué aux fabriques la propriété des églises supprimées, une de ces églises venait à être rendue à l'exercice du culte, elle deviendrait *ipso facto* la propriété de la commune, et non de la nouvelle fabrique qui serait créée. (Avis du Comité de législ., 12 fév. 1841.)

17° Frais de clôture des cimetières, leur entretien, leur translation dans les cas déterminés par les lois et règlements d'administration publique.

La clôture des cimetières consiste dans un mur qui doit avoir 2 mètres au moins de hauteur. (Décret du 23 prairial an XIII, art. 13.) L'entretien des cimetières est, d'après l'article 12 du même décret et l'article 37 du décret du 30 décembre 1809, à la charge des fabriques. Il semblerait que la loi de 1837 ait transporté cette obligation aux communes;

elle ne fait, en effet, aucune réserve aux sujets des fabriques. Cependant on s'accorde à reconnaître qu'il n'en est pas ainsi; que la loi de 1837 a eu pour but dans son article 30 de donner l'énumération des charges des communes sans modifier les conditions, les modalités qui les affectaient. Or, la commune pouvait avant cette loi se trouver obligée de pourvoir à l'entretien des cimetières, c'était dans le cas où la fabrique n'avait pas des ressources suffisantes. C'est là précisément ce que la loi de 1837 a voulu rendre obligatoire. Ainsi donc l'entretien des cimetières ne constitue une dépense obligatoire que dans le cas où la fabrique ne peut y pourvoir. (Décision minist. 23 mai 1838, av. Conseil d'État 21 août 1839.)

Il nous sera permis de formuler quelques critiques contre cette interprétation donnée à notre paragraphe.

Tout d'abord, si le paragraphe 17 n'avait pas d'autre sens que celui qu'on lui attribue, il était parfaitement inutile de l'insérer dans l'article 30; l'obligation spéciale qu'il prévoit était déjà contenue implicitement dans celle du paragraphe 14, puisque l'entretien des cimetières est rangé par le décret de 1809 au nombre des dépenses ordinaires des fabriques. De plus, lors de la discussion, on proposa de retrancher de notre paragraphe le mot : *entretien*. Les fabriques, disait-on, ont droit aux produits spontanés des cimetières (décret de 1809), elles sont donc usufruitières, elles doivent donc supporter les frais d'entretien, c'est-à-dire les charges de leur usufruit. Mais on fit observer que les communes qui retiraient des concessions de terrains, des revenus relativement importants, pourraient bien prendre à leur charge les frais toujours peu considérables de l'entretien des cimetières; et c'est sur ces observations que notre paragraphe fut maintenu dans la loi.

Donc il est certain que le législateur de 1837 a entendu imposer aux communes une obligation nouvelle, sans cela le mot *entretien* aurait été retranché de la loi comme on l'avait proposé, et en présence de ces raisons concluantes, il y a tout lieu d'être surpris de l'interprétation donnée par le Conseil d'État et le ministre de l'intérieur à la loi de 1837.

La translation des cimetières peut en certains cas être imposée d'office aux communes. Il y a en effet certaines conditions d'isolement, de situation, de salubrité, que les cimetières doivent remplir et qui sont réglées par diverses lois. Lorsque un cimetière ne remplit pas, ou a cessé de remplir ces conditions, lorsqu'il y a un danger permanent à le maintenir dans l'emplacement qu'il occupe, la translation doit être ordonnée, si la commune se refuse à y procéder.

Une enquête est nécessaire pour établir l'urgence de la mesure proposée. Le Conseil municipal de la commune intéressée est appelé à donner son avis, et invité à désigner l'emplacement dans lequel sera transféré le cimetière. Si le Conseil municipal refuse de donner son avis, ou s'il désigne un emplacement qui ne remplit pas les conditions requises, le préfet peut désigner d'office le lieu dans lequel sera faite la translation. Dans le dernier cas dont nous venons de parler, il y aurait lieu, préalablement à la désignation d'office, de faire établir, par une enquête, que l'emplacement proposé par le Conseil municipal est impropre à la translation, et de mettre celui-ci en demeure d'en désigner un autre.

Tous les frais qu'entraîne la translation du cimetière sont obligatoires. Ces frais comprennent : l'exhumation, le transport et l'inhumation des corps dans le nouveau cimetière, l'acquisition des terrains de ce nouveau cimetière et enfin l'abandon gratuit aux concessionnaires du cimetière supprimé d'un emplacement égal en superficie à celui qu'ils avaient acquis.

Mais les reconstructions des caveaux et des monuments funéraires restent à la charge des concessionnaires, c'est du moins l'opinion généralement reçue. Cependant, quel que soit le parti auquel on s'arrête sur la nature du droit des concessionnaires, on ne peut nier qu'il serait plus régulier peut-être et à coup sûr plus équitable, de les indemniser tout d'abord de la véritable expropriation qu'on leur fait subir. Dans ce sens un jugement du Tribunal d'Agen, du 1er juillet 1870, a décidé que les communes étaient tenues envers les concessionnaires, des frais de reconstruction d'un tombeau identiquement semblable à celui qui existait dans le cimetière supprimé, sauf à utiliser les matériaux provenant de sa démolition.

18º Frais des plans d'alignement.

On proposait d'ajouter à notre paragraphe les mots : ... *prescrits par la loi.* Il n'y a en effet qu'une seule disposition législative qui régisse cette matière, c'est l'article 52 de la loi du 16 septembre 1807, qui prescrit la levée des plans des villes. Mais cet article n'est applicable qu'aux villes, et comme la levée des plans d'alignement est une mesure excellente, qu'il était nécessaire de généraliser, les mots ... *prescrits par la loi,* furent supprimés. Depuis cette époque aucune loi ne s'est occupée de la question, et c'est toujours la loi de 1807 qui est applicable. Une circulaire du 17 août 1813 porte que la loi précitée s'applique à toutes les villes de 2,000 habitants et au-dessus. Cette prescription devrait encore être suivie. L'homologation des plans dressés en exécution de la loi de 1807 avait lieu par décret ou ordonnance. Depuis 1852 le préfet est compétent à cet égard.

Deux instructions ministérielles des 2 octobre 1813 et 19 février 1839 recommandent de faire relier les plans d'alignement en forme d'atlas. Ces frais de reliure comme ceux de la levée des plans sont obligatoires.

19° Dépenses des Conseils de prud'hommes; — menus frais des Chambres consultatives des arts et manufactures.

Il s'agit en réalité dans notre paragraphe d'une dépense facultative. Ce n'est, en effet, que sur la demande expresse des communes, que les Conseils de prud'hommes, comme les Chambres consultatives des arts et manufactures, peuvent être établis. Mais après cet établissement, les dépenses qu'il entraîne sont obligatoires pour la commune.

En ce qui concerne les Conseils de prud'hommes, ces dépenses comprennent la fourniture du local et du mobilier nécessaires à la tenue des audiences, les frais de bureau, chauffage, éclairage, etc., etc. (Lois des 18 mai 1806, 11 juin 1809). La dépense des jetons de présence est facultative.

Quant aux Chambres consultatives des arts et manufactures, les communes ne doivent que les menus frais de bureau de ces chambres. Elles doivent fournir aussi un local pour leurs séances. (Ordonnance du 16 juin 1832.) Les communes ne pourraient s'affranchir de ces divers frais qu'en obtenant la suppression des Conseils de prud'hommes ou des Chambres consultatives.

20° Contributions et prélèvements établis par les lois sur les biens et revenus communaux.

Les biens des communes sont assujettis à la contribution foncière (loi du 3 frimaire de l'an VIII, art. 46) et à une taxe annuelle représentative des droits de transmission entre vifs et par décès (loi du 2 février 1849) (1).

Certains biens ont été cependant déchargés de tout impôt :

(1) Cette taxe est de 62 centimes et demi additionnels au principal de l'impôt foncier.

ce sont les immeubles affectés à un service public et qui ne sont pas susceptibles de produire des revenus. Cette règle a donné lieu à quelques difficultés en ce qui concerne les halles, marchés et abattoirs, considérés comme affectés à un service public, mais productifs de revenus.

On a soutenu qu'à raison de leur affectation spéciale, ils devaient être exempts de toute contribution, et que pour les halles et marchés, cette exemption était formellement écrite dans l'article 103 de la loi de l'an VII. Mais il a été décidé, et avec raison, que l'exemption de toute contribution ne devait s'appliquer qu'aux biens qui réunissent les deux conditions que nous avons énoncées, et qu'il était impossible de trouver dans l'article 103 précité la justification des réclamations des communes, car cet article ne s'applique qu'aux halles et marchés établis momentanément sur une place publique, qui, par ce fait isolé, par cette affectation temporaire, ne perd pas sa nature et sa destination et qui, du reste, fait partie du domaine public communal. (Conseil d'État, ordonnances-arrêts des 26 octobre 1836, 3 mars et 10 juillet 1837.)

Si les contributions étaient assises sur des biens donnés à ferme ou à bail, le fermier ou locataire, si rien n'a été prévu à cet égard dans son titre, devrait acquitter, en déduction de son prix, les charges imposées à ces biens. (Loi du 26 germinal an XI.) Mais presque toujours il est convenu entre la commune et son locataire ou fermier, que les contributions seront acquittées en outre du prix du bail.

Il est pourvu aux contributions dont nous nous occupons, comme pour les autres dépenses obligatoires. Si les biens en question étaient la propriété d'une section de commune, l'imposition extraordinaire destinée à couvrir la dépense des contributions mises à la charge de ces biens devrait peser uniquement sur la section propriétaire, et dans les villes où le concours des plus imposés est nécessaire pour le vote de l'imposition, on devrait prendre ces plus imposés parmi les propriétaires de la section intéressée.

Les prélèvements opérés sur les revenus communaux sont les suivants :

1° Un prélèvement sur le produit des coupes de bois pour l'acquittement des contributions établies sur les bois communaux.

2° Un prélèvement de 5 p. 100 sur le prix d'adjudication des produits principaux des bois des communes, et du vingtième de la valeur de ceux de ces produits qui sont délivrés en nature. Cette valeur est déterminée par le ministre des finances, sur l'avis des préfets et des agents de l'administration forestière. (Lois des 23 juin 1841 et 19 juillet 1845.)

La somme à prélever ne peut excéder *un* franc par hectare de bois ou forêts. (Loi du 14 juillet 1846.)

3° Le prix du timbre des quittances et expéditions délivrées pour le service de l'octroi. (Déc. du 8 fév. 1812. — Loi du 28 avril 1816.)

Ce prélèvement, comme les suivants, est opéré sur le produit de l'octroi.

4° Une indemnité de 5 p. 100 sur les produits constatés chez les contribuables (entrepositaires de boissons, brasseurs, distillateurs) dans les villes soumises au droit d'entrée, par les agents de l'administration des contributions indirectes. (Ordon du 9 déc. 1814. — Déc. minist. du 20 déc. 1816.)

5° Le prix des imprimés et instruments fournis aux communes, par ladite administration, pour le service de l'octroi. (Même ordon.)

6° Le montant des dépenses de gestion quand l'octroi est géré par la même administration (Même ordon.)

7° La somme affectée au contingent personnel-mobilier des communes.

Ce prélèvement n'a lieu que dans le cas où les communes

réclament le droit de se libérer ainsi de ce contingent, en vertu de l'art. 20 de la loi du 21 avril 1832. Ce prélèvement doit être autorisé par décret rendu sur la proposition du ministre des finances.

8° La moitié des taxes d'octroi perçues sur les huiles non minérales. (Loi du 22 déc. 1878, art. 4.) Celte loi supprime l'impôt sur les huiles non minérales, mais elle autorise le prélèvement au profit du Trésor de la moitié des taxes d'octroi perçues sur ces huiles, en accordant aux municipalités la faculté de doubler ces taxes.

9° Les frais de casernement. Ce prélèvement est exercé sur le produit des centimes ordinaires ou extraordinaires et autres revenus de la commune. (L. du 15 mai 1818.) Cette loi, art. 46, a déchargé les communes des prélèvements qui grevaient avant cette époque le produit de leurs octrois; c'est ce qui a permis de penser que ce prélèvement devait porter sur ce produit. Nous voyons, en effet, dans plusieurs instructions ministérielles, que le but de la loi de 1818 a été d'indemniser l'État des taxes que les communes perçoivent sur les objets destinés à la consommation des troupes. Cela n'est pas exact; sans doute le législateur a pu prendre en considération le bénéfice que les communes réaliseront par suite de la présence sur leur territoire d'un corps de troupes plus ou moins considérable, mais ce n'est pas dans ce sens que la loi de 1818 est conçue et rédigée. Notre prélèvement constitue donc une charge communale parfaitement distincte et qui affecte tous les revenus de la commune. C'est ce qui a été reconnu par un arrêt de cassation du 25 mars 1840 et par deux avis du Conseil d'État des 29 juillet 1846 et 10 janvier 1873, qui ont déclaré le prélèvement applicable, même à raison de troupes casernées hors des limites de l'octroi, mais sur le territoire de la commune.

Ce prélèvement est opéré à raison de 7 fr. par homme et de 3 fr. par cheval et par an. Cependant une ordonnance du

5 août 1818 a autorisé les communes à convertir ce prélèvement en un abonnement qui peut consister soit en une fraction déterminée des produits de l'octroi, soit en une somme fixe. Le contrat qui intervient alors entre l'État et les communes est aléatoire, et chacune des parties doit en supporter les chances favorables ou contraires pendant toute sa durée, qui ne peut être moindre de cinq années. La conversion, dont nous nous occupons, doit être autorisée par le décret rendu sur la proposition des ministres des finances, de l'intérieur et de la guerre.

Si les communes n'obtiennent pas cette conversion, ou si elles ne la demandent pas, la dépense mise à leur charge, par l'art. 46 de la loi de 1818, est réglée par le préfet sur le rapport de l'intendant militaire, qui dresse tous les trois mois l'état des journées d'occupation des hommes et des chevaux de l'armée. Les troupes de l'armée de mer donnent lieu comme celles de l'armée de terre au prélèvement. Celui-ci serait même opéré pour les prisonniers militaires internés dans une ville. (Avis du Conseil, 1er juin 1849. — Arrêt du Conseil, 18 mai 1837.)

21° Acquittement des dettes exigibles.

La commune est une personne morale, elle a capacité pour contracter, pour ester en justice. Elle peut donc se trouver créancière ou débitrice, et poursuivre ou être poursuivie, à raison de ses engagements.

L'autorité municipale est investie, sous certaines réserves et formalités, de tous les pouvoirs nécessaires pour l'administration des intérêts qui lui sont confiés. Les engagements contractés dans la limite de ces attributions constituent, avec les dépenses imposées aux communes par la loi, les dettes communales dont l'acquittement est obligatoire.

Nous examinerons quels caractères doivent présenter ces

dettes pour que leur acquittement puisse être exigé, et quels sont les voies et moyens de coercition, mis par la loi, au service des créanciers des communes.

Il faut d'abord distinguer les dettes antérieures à la loi du 24 août 1793, de celles qui sont postérieures à cette loi.

Antérieurement à cette époque, les communes pouvaient avoir des créances ou des dettes que la loi de 1793 rendit nationales. Elle supprima l'actif des communes et ordonna la vente de leurs biens.

Un arrêté du 2 prairial suivant disposa qu'il ne serait plus fait de ventes de ces biens, mais reconnut valables les aliénations déjà faites. On a tiré de cet arrêté la preuve que l'État avait alors restitué aux communes les biens qui leur avaient été enlevés.

Lorsqu'une dette est antérieure à 1793, elle est donc forcément à la charge de l'État. Cependant, comme la loi en question avait excepté de son application certaines dettes des communes envers l'État, les tribunaux doivent s'abstenir d'apprécier le caractère d'une dette quelconque, dès qu'ils reconnaissent qu'elle est antérieure à 1793 ; ils doivent surseoir à statuer jusqu'à ce que la question ait été vidée par l'autorité administrative. (Ord.- arrêt du Conseil, 27 février 1836.) Aux termes de l'article 88 de la loi de 1793, l'administration départementale était chargée de vérifier si la dette était nationale ou communale. Depuis la constitution de l'an VIII, ce droit appartient aux préfets et non aux Conseils de préfecture. (Ord. du 26 juin 1824. — Arrêt du Conseil du 22 février 1837.)

On distingue quatre sources de dettes communales : 1° les engagements valablement contractés ; 2° les décisions judiciaires ; 3° la loi ; 4° les emprunts. Cette dernière classe d'obligations rentre évidemment dans la première, car en empruntant, la commune s'oblige à rembourser ; c'est donc à tort que la plupart des auteurs consacrent aux emprunts une mention spéciale.

Les engagements des communes doivent, pour leur être valablement opposés, revêtir certaines formes, remplir certaines conditions dont le détail n'entre pas dans cette étude, et sans lesquelles ces engagements sont nuls. La commune est en effet considérée comme incapable, et la nullité des engagements qui seraient pris en son nom sans l'accomplissement des prescriptions de la loi, est la meilleure protection qui puisse lui être accordée.

Bien entendu, les autres conditions essentielles de tout contrat, le consentement, l'objet certain, la cause licite, devraient se retrouver dans les engagements de la commune, et nous devons nous arrêter sur l'une d'elles qui peut donner lieu à des difficultés: le consentement.

Le maire représente la commune vis-à-vis des tiers; c'est donc à lui qu'appartient la manifestation du consentement. (Art. 10, loi de 1837.) Mais si, de par la loi, le maire est le porte-parole de la commune, s'il a reçu mandat de figurer dans les contrats intéressant celle-ci, il ne tire cette capacité que du consentement d'un autre pouvoir chargé de statuer sur la gestion de la fortune communale et sans l'aveu duquel son autorité en cette matière est réduite à néant.

Le maire n'agit comme maire et n'engage la commune que s'il en a reçu *mandat* du Conseil municipal, et dans les limites de ce mandat. Hors de là il n'oblige que lui-même. Ce principe résulte incontestablement de la comparaison des divers textes de loi relatifs à l'administration municipale, et surtout de l'organisation donnée à cette administration depuis 1789.

Pas une objection ne s'élève du reste contre cette règle, mais la doctrine et la jurisprudence y apportent deux tempéraments. Le premier est relatif aux cas de nécessité absolue, de force majeure, où le maire est investi, par la loi, d'un pouvoir discrétionnaire. Cette exception est parfaitement justifiée, elle est conforme aux principes du droit et de l'équité, elle devrait même s'étendre aux mesures conservatoires que le maire est autorisé à prendre en vertu des articles 10 et 55 de la loi de 1837. La deuxième exception est faite pour les engagements dont la commune a tiré profit. Nul, dit-on, ne peut s'enrichir aux dépens d'autrui; par conséquent si la commune se refuse à reconnaître un engagement pris sans l'autorisation du Conseil municipal, le créancier pourra, sans s'arrêter à établir la validité de l'engagement, mettre en cause et le maire, qui est personnellement obligé, et la commune qui a bénéficié de l'engagement, et faire condamner celle-ci dans la mesure de la plus-value dont elle profite et à raison de laquelle elle pourrait être actionnée par le maire.

Ce système est enseigné par la plupart des auteurs, il a été maintes fois consacré par la jurisprudence (1). Cependant nous ne pouvons l'admettre, et voici les raisons qui nous déterminent.

Et d'abord, nos adversaires sont obligés de reconnaître que leur système devrait s'appliquer, même au cas où le maire agit contre le gré du Conseil municipal. Or, il y a là une atteinte grave au principe de la séparation des pouvoirs. La loi a pris soin de définir nettement les attributions des deux pouvoirs qui sont placés à la tête de l'administration communale; ne voit-on pas que le système de nos adversaires supprime complètement l'un de ces pouvoirs? Quelle sera l'autorité d'un Conseil municipal si le maire peut agir sans autorisation? La nullité des engagements? Mais quelle garantie illusoire si les tribunaux peuvent indirectement ramener à exécution ces engagements frappés de nullité!

Ne voit-on pas que c'est organiser un pouvoir arbitraire au sein de l'administration municipale, et livrer aux mains d'un

____

(1) Voy. notamment: arrêts 16 juin 1873 (Bordeaux), 20 déc. 1876 (Agen) et 19 déc 1877 (Cassation, ch. des requêtes).

seul le dépôt de la fortune et des intérêts communaux, confiés par la loi et par le libre suffrage des électeurs à la garde du Conseil municipal? Et quels textes peut-on invoquer pour justifier cette doctrine? Le principe d'équité : nul ne doit s'enrichir aux dépens d'autrui! Mais ce principe est-il applicable? Peut-on forcer quelqu'un à acquérir s'il s'y refuse? Peut-on obliger un propriétaire à indemniser celui qui vient bâtir sur son terrain, malgré une défense formelle?

Mais, dit-on, le créancier a pu se tromper de bonne foi! En tous cas, son erreur n'est pas de celles que la loi doive secourir, et du reste, n'a-t-il pas un obligé auquel il pourra réclamer des dommages-intérêts?

Enfin, l'action qu'il pourrait diriger contre la commune ne saurait être que le recours de son obligé, le maire, contre celle-ci; et le maire a-t-il ce recours? Non.

Il est mandataire du Conseil municipal; il a une autorité incontestable dans les limites de ce mandat; mais s'il excède ces limites, il perd toute capacité d'engager la commune, et cela par application des règles générales sur le mandat.

Et qu'on le remarque bien, cette qualité de mandataire exclut le caractère de *gérant d'affaires,* et c'est là la réfutation la plus absolue du système de la jurisprudence et de la majorité des auteurs. En ce sens, il a été décidé que les dépenses faites par le maire, et non régulièrement autorisées, ne peuvent être mises à la charge des communes. (Avis du Conseil du 14 août 1811.)

Le Conseil municipal pourra ratifier les engagements souscrits par le maire, et ils produiront de ce moment leur plein et entier effet.

Les dettes que l'on réclame des communes doivent, pour que leur acquittement soit obligatoire, être valables, liquides et exigibles. Nous avons indiqué les conditions de la validité.

Une dette est liquide lorsqu'on en connaît la cause et le

montant; elle est exigible lorsqu'il n'existe aucun empêchement juridique à ce qu'elle soit immédiatement payée.

Mais nous sommes loin de la procédure usitée envers un débiteur ordinaire, lorsqu'il s'agit de réclamer à la justice le paiment d'une dette communale; car nous écartons l'hypothèse où le paiement est accordé sans difficulté. La commune est une incapable; elle est placée en tutelle. Quelles seront donc les ressources que la loi pourra accorder à ses créanciers?

Le créancier d'une commune ne peut, en cas de refus opposé à ses réclamations, procéder, comme en matière ordinaire, à la discussion des biens de sa débitrice. Il ne pourrait même pas prendre les mesures conservatoires autorisées contre les débiteurs ordinaires. (Avis du Conseil, 12 août 1807.)

« Attendu, dit cet avis, que, d'une part, les communes ne » peuvent faire aucune dépense, sans l'ordre ou l'assentiment de » l'autorité supérieure; et que, d'autre part, elles n'ont à leur » disposition que les fonds qui leur sont attribués par leur » budget, et qui ont tous une destination dont ils ne peuvent » être divertis. » (Dans le même sens : Avis du Conseil des 1er mars 1815 et 19 octobre 1825.)

C'est au préfet que doit être soumise la réclamation du créancier. Le préfet examine si le titre qui est produit est valable et exécutoire, si la dette qu'il constate est exigible, et si les ressources ordinaires de la commune permettent d'en opérer le paiement. C'est lui qui est compétent, aux termes du décret du 25 mars 1852, pour autoriser la vente des biens communaux qui ne font pas partie du domaine public municipal. C'est encore à lui qu'il appartient de désigner d'office les biens qui seront vendus pour acquitter le montant des dettes de la commune. S'il n'y a ni revenus ordinaires, ni biens aliénables, il faut recourir à l'imposition ou à l'emprunt. L'emprunt ne peut jamais être rendu obligatoire.

Le préfet peut reconnaître que la réclamation du créancier n'est pas fondée, et il prend un arrêté pour refuser d'y faire droit. Cet arrêté peut être déféré au ministre, qui statuera à son tour, et dont la décision pourra être soumise au Conseil d'État. Si le créancier ne peut obtenir gain de cause par la voie administrative, il pourra s'adresser aux tribunaux, qui statueront sur sa réclamation, mais dont la sentence, comme tous les autres titres, ne pourra être exécutée qu'avec l'assentiment et le concours de l'autorité administrative.

Le seul avantage que procure un jugement au créancier, est de le munir d'un titre dont la validité ne pourra être contestée.

Il est bien entendu que le créancier pourrait, avant toute réclamation par la voie administrative, faire condamner la commune par les tribunaux. Cette poursuite serait même nécessaire dans le cas où le créancier n'est pas muni d'un titre exécutoire.

Si plusieurs communes étaient tenues envers le même créancier de la même dette, la quote-part afférente par chacune d'elles serait fixée par le préfet.

Si le créancier qui a obtenu condamnation contre la commune en est le contribuable, il ne devrait pas être compris dans l'imposition qui serait ordonnée pour l'acquittement des frais de procès ou des dommages-intérêts obtenus contre la commune. (Art. 58, loi de 1837.) Déjà deux arrêts du Conseil des 31 mai 1813 et 1er septembre 1819 avaient tranché la question dans ce sens, mais un arrêt du 1er mars 1833 avait décidé que si le créancier gagnait son procès, il le perdait comme contribuable et devait par conséquent supporter l'imposition. La loi de 1837 n'a pas admis cette manière de voir, dont il ne serait pas difficile de démontrer l'erreur. Pareille solution devrait être donnée s'il s'agissait d'une section de commune qui aurait perdu un procès contre une commune, une autre section ou un particulier.

Mais tous les autres contribuables doivent être soumis à l'imposition, même les propriétaires forains. La dette ne grève pas cependant les contribuables personnellement. Il n'y aurait donc pas lieu pour l'acheteur qui serait devenu le contribuable de la commune postérieurement à la naissance de la dette, à appeler en garantie le vendeur qui n'aurait pas fait connaître l'existence de la dette. (Cassation, 13 décembre 1843.) La dette reste en effet à la charge de la commune jusqu'à l'établissement légal de la contribution destinée à son acquittement.

Il est cependant une dette des communes qui fait exception C'est celle qui résulte de la responsabilité imposée par la loi du 10 vendémiaire an IV, titre 4, art. 1er et suivants.

Cette loi dispose que tous les habitants d'une commune sont garants des attentats commis sur son territoire contre les personnes et les propriétés.

La commune est responsable des délits commis à force ouverte, par violence, par des attrouppements ou rassemblements armés ou non armés. Elle est tenue envers l'État d'une amende égale au montant de la réparation principale qu'elle devra payer. Si dans les attroupements ou rassemblements il se trouvait des habitants d'autres communes, celles-ci ne pourront être condamnées que si elles ont été à même d'empêcher les désordres. Les tribunaux ne pourraient que réserver le recours de la commune responsable envers les autres. (Arrêt de Cassation, 17 juillet 1838.) Mais ce recours est lui-même recevable, et les communes seront condamnées pour n'avoir pas retenu leurs habitants.

Si les désordres avaient été occasionnés par les habitants d'une commune voisine, la commune sur le territoire de laquelle ils se sont produits serait dégagée de toute responsabilité si elle avait fait toutes les diligences nécessaires pour rechercher les auteurs du délit. Il en serait de même si l'administration municipale avait été désorganisée. Privée de l'appui et du conseil de ses autorités, la commune est dans l'état d'un individu privé de volonté et de raison et dès lors irresponsable. (Arrêt de Cassation, 5 décembre 1822.) Même solution si l'autorité administrative avait été dessaisie de ses pouvoirs par l'autorité militaire, comme dans le cas de déclaration d'état de siège. Cependant il faudrait, pour que la commune fût affranchie de toute responsabilité, que la remise effective des pouvoirs ait suivi la déclaration d'état de siège ; jusqu'à ce moment la responsabilité subsiste. (Ar. Besançon, 24 août 1874.)

C'est pour ces derniers motifs que la jurisprudence considère la ville de Paris comme irresponsable. Paris est en effet le siège du gouvernement, et c'est à celui-ci qu'appartiennent la police de la ville et la disposition de la force publique. En ce sens nous citerons trois arrêts de Cassation des 6 avril 1838, 15 mai 1841, 18 décembre 1843 et un jugement du Tribunal de la Seine du 23 avril 1875. Le principe posé par la jurisprudence n'a pas cessé d'être vrai sous l'empire du décret de 1871 qui avait transporté à Versailles le siège du gouvernement.

En effet, c'est le préfet de police qui est chargé de prendre les mesures destinées à maintenir l'ordre et la tranquillité publique ; or ce fonctionnaire est un agent du pouvoir central : il ne relève que du ministre de l'intérieur. Dès lors, la ville de Paris ne pouvait être déclarée responsable, puisque ce n'était pas un agent du pouvoir municipal qui était investi des attributions de police. Cette opinion n'est pas admise par tout le monde. M. Ducrocq, notamment [1], enseigne que la ville de Paris était responsable sous l'empire du décret de 1871. La question n'a plus qu'un intérêt rétrospectif depuis la loi toute récente qui a fixé à Paris le siège du gouvernement.

C'est aux tribunaux qu'il appartient de fixer le montant des dommages-intérêts qui peuvent être dus par la commune. Il y

[1] Voy. Ducrocq, t. II, p. 576.

a cependant un cas où la loi a opéré elle-même cette fixation.
C'est le cas où un individu domicilié ou non dans une commune y a été pillé ou volé par les habitants. Dans ce cas tous
les habitants sont tenus de restituer des objets pareils à ceux
qui ont été pillés ou volés, ou de payer le double de la valeur
de ces objets. (Art. 5 et 6, tit. V, loi de l'an IV.)

La dette résultant de la responsabilité des communes doit
être acquittée à bref délai; dix jours à dater du jugement
prononcé par le tribunal. On ne peut employer à l'acquittement
de la dette ni les biens communaux, ni les fonds libres; il faut
donc lever une imposition extraordinaire sur tous les contribuables. (Ar. du Conseil, 28 sept. 1821.) Il serait parfois
difficile à une commune de se procurer à si bref délai les fonds
nécessaires au paiement de la dette; la loi l'autorise, en conséquence, à demander aux vingt plus forts contribuables,
l'avance des sommes nécessaires. Cependant, un avis du Comité
de l'intérieur du 25 juin 1822 a décidé que cette procédure
était contraire aux articles 28 et 32 de la loi du 28 avril 1816
et aux articles 39 et suivants de la loi du 15 mai 1818.

La répartition de la dette doit donc être faite dès l'origine
entre tous les habitants.

L'obligation qui pèse sur eux est personnelle, cela résulte
des termes de la loi; on en a conclu qu'elle ne pouvait grever
que les domiciliés de la commune. La jurisprudence considère
comme tels les individus inscrits au rôle de la contribution
personnelle au moment du délit. (Avis du Comité de législation
du 29 mai 1839; avis du Comité de l'intérieur du 30 avril 1823.)
Les propriétaires forains n'en seraient pas tenus. (Même avis du
30 avril 1823.) Mais, à la différence de ce que nous avons dit
plus haut, l'acheteur ne serait pas tenu de supporter la contribution de son vendeur.

Les habitants, qui n'auraient point pris part aux désordres,
conserveraient le droit de réclamer aux auteurs du délit

et à leurs complices le montant de l'imposition mise à leur charge.

22° **Dépenses des chemins vicinaux.**

Avec ce paragraphe commence la série des dépenses que la loi du 18 juillet 1837 n'a pas énumérées dans son article 30, mais qui ont le même caractère obligatoire que les précédentes, tant en vertu des lois qui les ont prescrites qu'en vertu du paragraphe 22 et dernier dudit article.

La disposition législative, qui a rendu obligatoire pour les communes la dépense des chemins vicinaux, est la loi du 21 mai 1836. Antérieurement à cette époque, on s'était déjà préoccupé d'assurer des ressources au service de la vicinalité ; mais les mesures prises dans ce but étaient restées inefficaces. Dès 1789, un décret du 14 décembre mettait à la charge des communes l'entretien des chemins vicinaux. Cette règle était reproduite peu après par la loi du 4 thermidor an X, qui confiait aux Conseils municipaux le soin de rechercher les ressources qu'ils devaient affecter à ces dépenses ; et cette législation, assez rigoureusement appliquée à l'origine, donnait des résultats relativement satisfaisants, lorsqu'en 1818 une difficulté, soulevée mal à propos, vint entraver le jeu de ces dispositions et désorganiser presque complètement le service de la vicinalité.

On se demanda si la prestation en nature, que la loi de l'an X rangeait au nombre des ressources applicables aux chemins vicinaux, devait être classée comme ressource ordinaire des communes et autorisée par simple arrêté préfectoral, ou s'il ne s'agissait pas, en réalité, d'une imposition extraordinaire qu'une ordonnance royale pouvait seule approuver.

La question ne fut définitivement résolue que par la loi du 28 juillet 1824, qui range la prestation au premier rang des ressources ordinaires que les communes peuvent appliquer à leurs chemins vicinaux. Mais cette loi laissait encore aux Conseils municipaux une liberté entière quant au vote et à l'emploi de ces ressources, et cette lacune n'a été comblée que par la loi de 1836.

Diverses lois ont, depuis cette époque, modifié et complété l'organisation donnée par la loi du 21 mai 1836; nous les signalerons au cours de nos observations.

Il y a nécessité absolue pour les communes d'être dotées d'un ou plusieurs chemins constamment tenus en bon état, qui lui permettent des rapports faciles avec les communes voisines et la relient au grand réseau des voies de communication qui s'étend sur toute la France. Cet intérêt n'est pas seulement particulier aux communes d'un canton, d'un arrondissement, d'un département; sans doute, elles sont plus directement que toutes les autres appelées à bénéficier de toutes les mesures propres à rendre leurs communications plus faciles; mais un intérêt supérieur se trouve aussi en jeu, celui de l'État, celui de la généralité des communes de France, celui de la richesse et de la prospérité publiques, dont le développement est étroitement lié à celui des routes et des chemins vicinaux.

Les communes n'ont à leur charge que la dépense des chemins vicinaux.

Depuis la loi de 1836 on les divise en trois classes. La loi n'en mentionne expressément que deux : les chemins vicinaux ordinaires et de grande communication; mais l'article 6 de la loi en reconnaît implicitement une troisième classe : les chemins d'intérêt commun. Ces derniers ont, du reste reçu, depuis cette époque, une existence parfaitement distincte. (Loi de 1866, art. 1er.)

Le caractère distinctif des chemins vicinaux, c'est d'abord qu'ils sont la propriété des communes et ensuite que leur entretien est obligatoire pour elles.

Avant d'aborder l'étude de cette obligation, nous devons donner quelques notions sommaires sur la création et le classement des chemins vicinaux.

Il faut d'abord distinguer les chemins vicinaux ordinaires des chemins d'intérêt commun et de grande communication. Ceux-là intéressent une ou deux communes, ceux-ci intéressent quelques communes ou un grand nombre de communes.

Pour les chemins vicinaux ordinaires, il faut distinguer s'il s'agit d'un chemin déjà existant et livré au public à classer dans le réseau vicinal, ou bien s'il s'agit d'un chemin privé ou de terrains non affectés à un passage quelconque. Dans le premier cas, il suffit d'une déclaration de vicinalité pour opérer le classement. Dans le second cas, cette déclaration devrait être précédée d'une expropriation pour cause d'utilité publique. L'autorité compétente, pour faire la déclaration de vicinalité pour les chemins vicinaux ordinaires, est la Commission départementale. (Loi du 10 août 1871.) Avant la loi de 1871, le préfet était investi de cette attribution. L'avis du Conseil municipal doit être pris en tous cas, mais il n'est obligatoire pour la Commission départementale que s'il s'agit du classement d'un chemin privé, de l'ouverture ou du redressement d'un chemin ordinaire. (Avis du Conseil d'État du 29 juillet 1870.) La Commission départementale n'est donc libre de procéder d'office au classement, que dans le cas où il s'agit d'un chemin public à faire rentrer dans le réseau vicinal ordinaire.

Comment cette publicité sera-t-elle appréciée? Quelle sera l'autorité compétente? Il faut décider d'après la jurisprudence que c'est à la Commission départementale qu'il appartiendra de statuer. En effet, la déclaration de vicinalité se trouverait forcément en jeu, si la question de publicité était soulevée. Or la déclaration faite par la Commission départementale ne peut être soumise à aucun recours, sauf le cas d'excès de pouvoirs, elle a lieu sans contrôle; il faut donc accorder à la Commission départementale le droit de statuer sur la publicité du chemin, puisque cette question doit être vidée préalablement à la déclaration de vicinalité. Ce système est enseigné par tous les auteurs; il a été consacré par le Conseil d'État et la Cour de cassation. (Arrêts des 13 juin, 26 sept., 11 oct. 1845.)

Nous nous inclinons devant ces autorités, mais il nous sera permis de faire remarquer qu'il est assez étrange de laisser à l'autorité, chargée de faire le classement des chemins vicinaux, le soin d'apprécier si ce classement est régulier, s'il est susceptible d'être critiqué. Il y a même sur ce point une contradiction flagrante entre les arrêts précités et l'avis du Conseil d'État du 29 juillet 1870, qui ne reconnaît pas à la Commission départementale le droit de procéder d'office au classement d'un chemin non public sans l'aveu du Conseil municipal. Ne serait-il pas possible, en cas de contestation sur la publicité des chemins classés, de déférer les décisions de la Commission départementale au Conseil d'État, qui déciderait si la Commission n'a pas excédé ses pouvoirs, après avoir examiné lui-même la question de publicité?

Dans le cas où il s'agit d'un chemin à ouvrir, ou d'un chemin privé à classer, il y a lieu, avant de faire la déclaration de vicinalité, de procéder d'abord à une expropriation pour cause d'utilité publique, à moins qu'il n'intervienne un arrangement entre les intéressés.

La déclaration d'utilité publique est faite par la Commission départementale. Le préfet était investi de ce pouvoir par la loi de 1836, mais la loi de 1871 l'en a dépouillé pour le conférer à la Commission départementale. Ceci est applicable non seulement aux chemins vicinaux ordinaires, mais aux chemins d'intérêt commun et de grande communication.

Pour ces chemins, la déclaration de vicinalité est faite par le Conseil général. La loi de 1836 lui attribue cette compétence pour les chemins de grande communication, et la loi de 1866 pour les chemins d'intérêt commun. C'est lui qui désigne les communes appelées à contribuer à la dépense, sur l'avis des Conseils municipaux et d'arrondissement. Cet avis n'est en aucun cas obligatoire pour le Conseil général. Le contingent des communes désignées par le Conseil général était déterminé par le préfet, sous l'empire de la loi de 1836. Les lois de 1866 et de 1871 ont donné ce pouvoir au Conesi général.

Dans le cas où le Conseil général veut classer comme chemin d'intérêt commun, ou de grande communication, un chemin privé, ou des terrains non livrés à un passage public, une déclaration d'utilité publique est nécessaire, si les propriétaires intéressés ne veulent pas s'arranger à l'amiable.

Nous avons déjà dit que la Commission départementale avait compétence pour déclarer l'utilité publique ; nous devons ajouter que dans tous les cas cette compétence cesserait s'il s'agissait d'exproprier des terrains bâtis ou clos de murs, auquel cas un décret serait nécessaire. (Loi du 8 juin 1864.)

L'expropriation résulte de la déclaration de vicinalité, qui attribue aux communes la propriété du sol compris dans les limites assignées au chemin par cette déclaration.

L'action que pourront intenter les propriétaires n'aura pour but que le paiement d'une indemnité. La question de propriété pourra être discutée cependant, mais à titre préjudiciel seulement.

D'après l'instruction ministérielle du 24 juin 1836, les rues des villes, bourgs ou villages ne devaient pas être comprises dans les déclarations de vicinalité. Cette interprétation de la loi de 1836 était très préjudiciable au développement des voies vicinales qui se trouvaient ainsi soumises à deux autorités différentes, le maire et le préfet. Un avis du Conseil d'État, rapporté dans la circulaire ministérielle du 19 août 1837,

décida : « Que les rues faisant prolongement des chemins
» vicinaux de grande communication seraient soumises aux
» mêmes règles et considérées comme faisant partie desdits
» chemins. » Mais rien n'était décidé quant aux rues faisant le
prolongement des chemins d'intérêt communs et ordinaires.
Un autre avis du 27 février 1855 décida même, quant à ces
dernières rues, que les règles de la vicinalité ne leur étaient
pas applicables.

C'est alors qu'on chercha à faire disparaître définitivement
cette anomalie par une disposition législative formelle, et la
loi du 8 janvier 1864 décida que toute rue qui est reconnue
être le prolongement d'un chemin vicinal, en fait partie
intégrante et doit être soumise aux mêmes règles.

Nous avons vu comment il était procédé au classement des
chemins vicinaux, et si nous nous sommes étendu, un peu
longuement peut-être, sur cette question préliminaire, c'est
qu'il était indispensable de bien établir l'origine et la source
des obligations imposées à la commune envers ses chemins
vicinaux (1).

Nous allons aborder immédiatement l'étude de ces obligations. Mais auparavant et pour terminer nos explications
préliminaires, nous devons rappeler que le classement des
chemins vicinaux est susceptible d'opposition de la part de la
commune, du préfet, et de tout intéressé; qu'il est en outre
susceptible de réformation, s'il s'agit d'un chemin vicinal ordinaire, le Conseil général ayant le droit de casser la décision de

---

(1) Il est un cas où le classement est opéré par décret. C'est lorsqu'il
s'agit d'une portion de route nationale déclassée. Le décret est rendu sur
la proposition des ministres de l'intérieur et des travaux publics et sur
l'avis du Conseil municipal et du Conseil d'arrondissement, ou de la
Commission départementale, selon qu'il s'agit de faire le classement dans
le réseau vicinal ordinaire, ou dans le réseau d'intérêt commun et de
grande communication. (Loi du 24 mai 1842.)

la Commission départementale, et qu'en tout cas il peut être déféré au Conseil d'État, statuant au contentieux, pour excès de pouvoirs ou violation de la loi.

Enfin un chemin vicinal peut être déclassé sur la demande des communes intéressées, et dès lors son entretien devient facultatif.

La loi du 21 mai 1836 a rendu obligatoires pour les communes la création et l'entretien des chemins vicinaux. Mais cette obligation est renfermée dans certaines limites qui résultent de la fixation opérée par cette même loi, des ressources qui peuvent et doivent être affectées à ces chemins.

L'article 2 porte en effet qu'à défaut de revenus ordinaires, les communes devront employer aux dépenses des chemins vicinaux le produit des journées de prestation dont le maximum est fixé à trois, et le produit de 5 centimes additionnels aux quatre contributions directes. Là s'arrête l'obligation des communes. Il ne faudrait pas croire, comme cela est arrivé, que la commune n'est obligée à l'entretien de ses chemins vicinaux, que dans le cas où ses ressources ordinaires sont insuffisantes. Il y aurait là une contradiction étrange, évidemment en désaccord avec l'esprit de la loi. C'est ce qui a été reconnu par de nombreux arrêts du Conseil d'État.

Les communes ont la faculté de s'imposer, en outre des charges précédentes : 3 centimes spéciaux additionnels aux quatre contributions directes, lesquels peuvent, au gré du Conseil municipal, être convertis en une quatrième journée de prestation, applicable comme les 3 centimes aux chemins vicinaux ordinaires exclusivement. Enfin, les communes peuvent recourir à des emprunts, et une caisse spéciale a été autorisée en 1868 à leur faire des avances jusqu'à concurrence de 200,000,000 pour l'achèvement de leurs chemins.

Comment ces ressources sont-elles réparties entre les lignes vicinales? C'est ce qu'il faut examiner maintenant. Tout d'abord il faut constater, et la loi est formelle sur ce point, que les ressources créées en faveur des chemins vicinaux leur sont spéciales et ne pourraient être diverties de cette affectation, pas même au profit des chemins ruraux (¹).

Mais il importait de veiller à ce que telle ligne vicinale ne pût absorber la totalité de ses ressources au détriment des autres; et c'est pour cela que la loi de 1836 décide (art. 8) que deux journées au plus et les deux tiers au plus des 5 centimes spéciaux ordinaires pourront être affectés aux chemins de grande communication. C'est le Conseil général, nous l'avons dit, qui désigne les communes appelées à concourir à la dépense; c'est encore lui qui fixe le contingent de chacune d'elles. Sa décision sur ce point est souveraine, elle doit être basée sur l'intérêt présumé des communes. Il est possible que le contingent fixé par le Conseil général absorbe les deux journées de prestation et les deux tiers des centimes spéciaux; il ne faudra pas diviser en ce cas le reste des ressources spéciales obligatoires de la commune, entre les chemins d'intérêt commun et les chemins ordinaires. Le Conseil général a encore le droit de fixer dans la limite du tiers des centimes et de la journée de prestation, restés disponibles, le contingent de chaque commune dans la dépense des chemins d'intérêt commun. Si ce contingent n'absorbe pas tout le reste des ressources spéciales, l'excédent pourra être appliqué aux chemins vicinaux ordinaires.

(¹) Cependant une loi du 25 juillet 1870 autorise les communes dont les chemins vicinaux sont entièrement terminés, à affecter, avec l'approbation du Conseil général, à leurs chemins publics ruraux l'excédent de leurs prestations disponibles, après avoir assuré l'entretien de leurs chemins vicinaux et fourni le contingent qui leur est assigné pour les chemins de grande communication et d'intérêt commun. Cette faculté ne peut être exercée que jusqu'à concurrence du tiers au maximum des prestations, et à la condition que la commune ne reçoive de l'État ou du département aucune subvention pour l'entretien de ses chemins vicinaux.

On voit que ces chemins sont pauvrement dotés, aussi a-t-on senti la nécessité de créer en leur faveur des ressources spéciales que nous allons faire connaître. Remarquons toutefois qu'il faut bien se garder de penser que la loi de 1836 ait entendu, en déterminant le maximum des ressources applicables aux chemins de grande communication, déterminer en même temps celui des ressources applicables aux autres chemins. Il est bien certain que si le contingent relatif aux chemins de grande communication n'absorbait pas les deux journées de prestation et les deux tiers des 5 centimes, la commune ne pourrait pas émettre la prétention singulière de n'accorder aux autres lignes vicinales qu'une journée de prestation et un tiers des centimes. Le maximum fixé par l'article 8 de la loi de 1836 n'est relatif qu'aux chemins de grande communication. C'est même là, depuis la loi de 1871, la seule différence qui existe entre ces chemins et les chemins d'intérêt commun.

La loi du 24 juillet 1867 autorise les communes à s'imposer extraordinairement de 3 centimes spéciaux, applicables à leurs chemins vicinaux ordinaires. Le vote de ces 3 centimes nécessitera, aux termes de l'article 6 de la même loi, l'assistance des plus imposés dans les communes qui ont moins de 100,000 fr. de revenus. Les Conseils municipaux peuvent aussi convertir ces trois centimes en une quatrième journée de prestation, aux termes de la loi du 11 juillet 1868 (¹). Il semblerait que le vote de cette quatrième journée de prestation dût nécessiter également le concours des plus imposés. Il n'en est rien cependant, et cela résulte, d'abord, du silence de la loi de 1868 sur ce point, et ensuite de ce que la loi de 1824 déclare que les journées de prestation constituent une des ressources ordinaires

---

(¹) Cette imposition ne peut avoir lieu que dans les communes dont les charges extraordinaires n'excèdent pas 10 centimes.

des communes. C'est du reste ce qui a été formellement reconnu par le ministre de l'intérieur dans son rapport sur la loi de 1868.

Enfin les communes peuvent recevoir pour les chemins de grande communication, et exceptionnellement pour les autres chemins, des subventions départementales sur les ressources ordinaires du budget et sur le produit de centimes spéciaux départementaux, dont le maximum a été porté à 7 par la loi du 31 juillet 1867. Les Conseils généraux peuvent même affecter à ces subventions le produit d'impositions extraordinaires.

Nous n'avons pas à faire connaître les diverses mesures prescrites par la loi pour éclairer les Conseils généraux sur les besoins de la vicinalité. Il y a un personnel spécial chargé de cette mission et de la surveillance des chemins.

Nous ferons observer, en terminant, que si la commune se refusait à voter les fonds nécessaires à la dépense des chemins vicinaux, cette dépense serait inscrite d'office ; mais si elle ne devait pas absorber la totalité des ressources spéciales obligatoires, le choix des ressources à y affecter devrait être laissé aux Conseils municipaux.

23° Contribution à la dépense des aliénés indigents.

Avant 1838, aucune loi spéciale n'avait été faite dans le but de procurer aux personnes privées de leurs facultés mentales les secours qui peuvent les ramener à la raison. La loi du 30 juin 1838, en édictant des règles protectrices de la liberté individuelle en faveur des aliénés, a aussi prescrit dans un intérêt général la séquestration d'office des aliénés dangereux et l'admission gratuite dans les asiles départementaux des aliénés indigents.

Sans faire le commentaire de cette loi, il nous est permis de montrer qu'elle a pourvu à des situations bien dignes d'intérêt. En effet, sous l'empire des lois des 24 août 1790 et 22 juillet 1791, l'autorité municipale pouvait, en vertu de ses attributions relatives à la police, ordonner la séquestration des aliénés dangereux. Mais son pouvoir ne s'étendait pas au delà, et la classe si nombreuse des aliénés pauvres et non dangereux restait privée de tout secours. Ajoutons que, même pour les premiers, la commune n'était obligée à aucun sacrifice pécuniaire. Un arrêté ministériel du 6 novembre 1815 avait bien déclaré obligatoires pour les communes les frais de traitement des aliénés indigents, mais plusieurs arrêts du Conseil d'État, notamment celui du 10 octobre 1834 décidaient que rien dans la législation ne pouvait autoriser l'interprétation ministérielle.

La loi de 1838, après avoir déclaré que la dépense des aliénés est en première ligne à la charge de leurs familles, oblige les départements et les communes auxquels appartiennent ces aliénés à pourvoir d'office aux soins qui peuvent leur être nécessaires.

La première de toutes les difficultés que peut faire naître l'application de la loi est de connaître quel est le département et quelle est la commune qui devront contribuer à la dépense. Il faudra pour cela rechercher le domicile de secours de l'aliéné. Ce domicile est le lieu de la naissance jusqu'à l'époque de la majorité, et après cette époque la commune dans laquelle on a un an de résidence fixe. Cette détermination est, on le comprend, de la plus haute importance, et il a été plusieurs fois jugé que l'on ne pouvait exiger aucune contribution des communes dans lesquelles les aliénés n'avaient pas acquis leur domicile de secours, alors même qu'ils auraient résidé sur le territoire de ces communes à l'époque de leur placement dans l'asile départemental. (Arrêts du Conseil d'État des 12 juillet 1848 et 9 mars 1870.)

Si le domicile de secours ne pouvait être établi, le département dans lequel se trouvait l'aliéné à l'époque de son placement, devrait pourvoir seul à la totalité de la dépense. Nous devons cependant faire remarquer ici que les départements, depuis les lois des 18 juillet 1866 et 10 août 1871, ne sont plus obligés de pourvoir à la dépense des aliénés. Mais bien que cette faculté leur soit laissée, ils n'en ont jamais usé depuis cette époque.

Quant aux communes, la loi de 1838 est encore en vigueur et leur concours est obligatoire.

Les dépenses auxquelles les communes doivent contribuer, sont celles du transport, du séjour et du traitement des aliénés, dans l'établissement où ils sont recueillis. Les aliénés pour lesquels cette contribution est imposée sont, outre les fous furieux, dont la séquestration peut avoir lieu d'office, les autres aliénés admis dans les autres maisons de santé sur la demande de leurs familles. Mais nous le rappelons, la commune est exonérée de toute contribution si la famille des aliénés est en mesure de payer les frais que leur placement occasionne.

De ce que les communes doivent seulement concourir à la dépense des aliénés indigents, il résulte qu'en aucun cas la totalité de cette dépense ne saurait être mise à leur charge. Mais quelle règle suivra-t-on pour déterminer cette part contributoire? La loi est muette sur ce point, et il faut se référer aux travaux préparatoires de la loi et à deux circulaires des 5 juillet 1839 et 5 août 1840, pour reconnaître l'intention du législateur à cet égard. D'après ces circulaires la proportion suivante doit être observée :

Pour les communes ayant plus de 100,000 francs de revenus, le contingent obligatoire est de un tiers de la dépense ; pour les communes de 50,000 francs de revenus, un quart; pour celles de 20,000 francs de revenus, un cinquième; pour celles de 5,000 francs, un sixième; au-dessous de 5,000 francs, aucun concours n'est exigé des communes.

Les Conseils généraux, dans leurs délibérations, ont assez

fidèlement observé les instructions ministérielles. Ces délibérations ne sont susceptibles d'aucun recours devant le Conseil d'État statuant au contentieux, si ce n'est pour excès de pouvoirs ou violation de la loi. Les communes peuvent cependant prétendre que le contingent mis à leur charge doit être exigé d'une autre commune, à laquelle appartient l'aliéné indigent. Dans cette hypothèse, la commune peut d'abord soutenir devant le Conseil que la contribution réclamée par le département ne peut lui être imposée parce que l'aliéné n'avait pas, ou avait perdu son domicile de secours sur son territoire; elle peut aussi mettre en cause directement la commune sur le territoire de laquelle l'aliéné avait acquis son domicile de secours. Cette dernière voie lui restera seule ouverte, lorsque le Conseil d'État aura repoussé son recours contre la délibération du Conseil général, ou encore contre le décret ou l'arrêté ministériel approuvant l'inscription d'office prise en vertu de cette délibération.

Les communes sont déchargées de toute contribution à la dépense de leurs aliénés, lorsque le département obtient des familles le remboursement de ses dépenses; il est encore un cas où cette exemption se produit au profit des communes.

Les hospices, d'après la loi de 1838, ne sont tenus en principe d'aucune portion de la dépense des aliénés. Mais si antérieurement à 1838 ces hospices avaient cette dépense à leur charge, si une partie de leurs ressources ordinaires était consacrée à cette dépense, s'ils jouissaient de rentes ou de fondations ayant cette affectation spéciale, il faut reconnaître, et cela résulte clairement des travaux préparatoires de la loi, que ces hospices devront indemniser les départements des frais que ceux-ci supportent à leur place; ce n'est là qu'une restitution. Dans cette hypothèse, le concours des communes se trouvera restreint et même supprimé si les sommes fournies par les hospices suffisent à acquitter le contingent obligatoire communal. (Circul. minist. 5 juillet 1839.)

24° Dépenses du reboisement et du gazonnement des montagnes.

L'utilité, et même en certains cas la nécessité, du reboisement ou du gazonnement des montagnes est aujourd'hui hors de contestation. Dès 1840, sur les observations formulées dans un ouvrage remarquable par un ingénieur des plus éminents, M. Surel, on s'était préoccupé de donner à l'État les moyens d'entreprendre cette œuvre considérable, véritable mesure de sécurité publique. Un projet de loi fut présenté par le gouvernement, mais repoussé par la Chambre des députés, à cause des droits exorbitants qu'il conférait à l'État. Les événements de 1848 et de 1852 empêchèrent la question d'être soumise de nouveau au pouvoir législatif, et il ne fallut rien moins que les inondations de 1855 et de 1856 pour en rappeler toute l'importance.

Actuellement, cette matière est régie par les lois du 28 juil. 1860, du 8 juin 1864 et par le déc. du 10 nov. 1864. Nous allons faire connaître l'économie de cette législation.

Le gouvernement encourage, par des subventions, les travaux de reboisement ou de gazonnement exécutés par les communes ou les particuliers sur les montagnes. Lorsque l'urgence de ces travaux est démontrée, les Conseils municipaux et les propriétaires intéressés sont mis en demeure de les exécuter, ou de s'entendre avec l'État pour leur exécution. A défaut d'entente préalable, l'État procède d'office au reboisement ou au gazonnement. Une enquête est d'abord nécessaire; elle est confiée à l'autorité préfectorale. L'utilité publique est déclarée par un décret, qui détermine en outre le périmètre dans lequel les travaux doivent avoir lieu.

Les communes ne peuvent se trouver obligées de supporter

la dépense du reboisement ou du gazonnement que dans le cas où elles sont propriétaires de terrains compris dans le périmètre déterminé par le décret. Dans cette hypothèse, l'État peut, après avoir rempli les formalités prescrites par le décret du 10 novembre 1864, procéder d'office à l'exécution des travaux, ou les mettre en adjudication. En vertu du principe de l'inviolabilité du droit de propriété, auquel il n'a pas été dérogé en ce qui touche les particuliers, il y a lieu d'acquérir au préalable, par expropriation ou à l'amiable, les terrains qui pourraient leur appartenir dans le périmètre d'exécution des travaux. Ce périmètre peut être fixé arbitrairement en ce qui concerne les propriétés particulières. Quant aux propriétés communales, les travaux ne peuvent s'exécuter chaque année que sur un *vingtième* au maximum des terrains qu'il s'agit de reboiser, sur un tiers au plus de ceux qu'il s'agit de gazonner. Cette restriction au droit de l'État se justifie précisément par la faculté qui lui est accordée de procéder d'office et sans recourir à l'expropriation aux travaux qu'il se propose d'exécuter. La règle que nous venons de signaler souffrirait exception dans le cas où les Conseils municipaux voudraient bien y déroger, c'est même dans ce but que leur avis doit être pris dans l'enquête dont nous avons parlé.

Après l'exécution des travaux, il est dressé un état des sommes déboursées par l'État, qui doit être signifié aux propriétaires et communes intéressés. Du jour de cette signification court le délai de dix ans pendant lequel les intéressés peuvent rentrer en possession de leurs biens, à la charge de rembourser en capital et intérêts le prix des travaux, et s'il y a lieu l'indemnité qui aurait été payée pour l'acquisition des terrains.

En ce qui concerne les communes, l'État peut d'ores et déjà se rembourser de ses avances par la vente d'une partie des terrains améliorés. La détermination de la quotité des biens à mettre en vente, de même que le montant des sommes à rembourser à l'État, sont fixés à dire d'experts.

La commune peut se soustraire aux réclamations de l'État en lui faisant abandon par avance de la moitié du sol reboisé. Pour les travaux de gazonnement, qui sont moins coûteux, il est même permis à la commune de se libérer par un abandon de jouissance temporaire, qui ne peut excéder la moitié des parties gazonnées, ou par l'abandon du quart en propriété.

25° Dépenses de mise en valeur des marais et terres incultes.

L'État a un intérêt incontestable à ce que toutes les parcelles du territoire soient en état de produire des revenus; il doit donc encourager les travaux entrepris pour rendre à la culture les marais et les terres impropres à la végétation. Il y a là en effet, outre les avantages procurés au point de vue de la salubrité publique, un accroissement notable de la richesse nationale. Ces considérations avaient dès longtemps préoccupé les législateurs, et nous voyons que déjà sous le règne de Henri IV on accordait à ceux qui avaient desséché les marais la propriété des terrains ainsi assainis. Des lois de l'an II et de l'an VII et la loi du 16 septembre 1807 encouragèrent les travaux de dessèchement et donnèrent à l'État le droit d'y procéder d'office.

Il faut bien reconnaître que si l'État use de ce droit, il procure un bénéfice au propriétaire des terrains améliorés; mais peut-il forcer ce propriétaire à l'indemniser des frais faits sans l'assentiment, peut-être même contre le gré de ce propriétaire?

Telle est la question qui fut posée au pouvoir législatif en 1860, à propos des marais ou terres incultes appartenant aux communes. La discussion fut très vive, tous les arguments que l'on avait fait valoir dès 1837 contre le droit de l'État d'imposer aux communes des dépenses obligatoires, furent reproduits contre le projet du gouvernement, qui autorisait l'exécution des travaux par l'État après enquête et sur simple déclaration d'utilité publique. On objectait encore que le droit de propriété des communes méritait bien les égards que l'on gardait pour celui des particuliers; et l'on proposait de n'établir aucune différence sur ce point et d'obliger par conséquent l'État à s'assurer pour l'exécution des travaux d'amélioration, de l'assentiment du Conseil municipal, ou de procéder comme pour des propriétés particulières, à une expropriation des terres ou marais communaux qu'il se proposait de mettre en valeur. Ce contre-projet fut repoussé mais la proposition du gouvernement reçut quelques amendements et devint la loi du 28 juillet 1860.

L'État peut prescrire, aux termes de la loi de 1807, le dessèchement de tous les marais. Il peut se charger de l'exécution des travaux, ou les mettre en adjudication, ou les confier à des associations syndicales depuis la loi de 1865. Si les terrains appartiennent à des particuliers, une expropriation est nécessaire lorsque ceux-ci se refusent à contribuer aux frais d'exécution des travaux. S'ils appartiennent à des communes, il y a lieu tout d'abord de procéder à une mise en demeure, adressée au Conseil municipal par arrêté du préfet rendu après enquête. La déclaration prise à cet égard par le Conseil municipal est transmise au préfet par le sous-préfet. Si elle est contraire à l'exécution des travaux, le préfet en réfère au ministre, et c'est un décret rendu en Conseil d'État qui déclare l'utilité publique des travaux et en règle le mode d'exécution. Dans le cas contraire, si la délibération est favorable à l'exécution des travaux, le mode d'exécution est réglé à l'amiable.

Les travaux sont exécutés aux frais de la commune, mais l'État en fait l'avance : il fait connaître ensuite le montant des sommes ainsi avancées par lui, et en réclame le remboursement. Si la commune s'y refuse, l'État s'indemnise par la vente d'une partie des terrains mis en valeur.

La commune pourrait cependant s'exonérer de toute répétition de la part de l'État, en lui faisant l'abandon en toute propriété d'une portion des terrains améliorés, laquelle ne peut excéder la moitié.

La commune pourrait exercer ce droit d'option jusqu'à la mise en demeure qui lui est adressée après l'exécution des travaux, d'avoir à se libérer envers l'État des sommes avancées par celui-ci.

Nous avons déjà dit que la loi de 1865 autorise les associations syndicales de propriétaires à exécuter les mêmes travaux au lieu et place de l'État. Mais une entente préalable avec la commune est absolument nécessaire dans cette hypothèse.

26° Secours et pensions aux sapeurs-pompiers municipaux, à leurs veuves et à leurs enfants.

Les services si nombreux rendus chaque jour par les corps des sapeurs-pompiers justifient pleinement la mesure d'équité prise à leur égard par la loi du 5 avril 1851. Depuis cette loi, tout individu appartenant à un corps de sapeurs-pompiers, qui a reçu des blessures dans le service ou dans un incendie, peut réclamer de la commune un secours et même une pension, si l'incapacité de travail causée par les blessures menace de se prolonger longtemps. En cas de mort, cette pension est due à la veuve et aux orphelins de la victime. La commune qui doit ces secours et pension est celle à laquelle appartient le corps des sapeurs-pompiers dont le blessé faisait partie. Si cependant l'accident avait lieu dans un incendie sur le territoire d'une commune voisine, celle-ci serait seule obligée de secourir la victime ou sa veuve et ses enfants.

La dépense devient obligatoire du jour où le secours et la pension ont été régulièrement liquidés.

Ici, à la différence de ce qui a lieu pour les pensions des employés municipaux, qui sont facultatives pour les communes, la liquidation est obligatoire; elle doit avoir lieu dans le mois qui a suivi la constatation légale des blessures ou du décès. La délibération du Conseil municipal prise à cet égard peut être attaquée par les intéressés : la victime ou ses parents, le maire, le préfet. Le recours est porté devant le Conseil général, chargé, dit la loi, de statuer comme jury d'équité.

Les communes peuvent recevoir du département des secours pour le service de ces pensions; elles peuvent aussi créer des caisses spéciales qui seront instituées comme établissements d'utilité publique.

Les règles que nous venons d'exposer ne sont pas applicables à Paris, où les sapeurs-pompiers sont enrégimentés.

27° Frais de tenue des Assemblées électorales.

C'est la loi du 7 août 1850 qui a mis cette dépense à la charge des communes.

D'après le système de notre organisation politique actuelle, voici à quoi se réduit l'obligation des communes :

Elles doivent les frais de la tenue des Assemblées électorales pour l'élection des sénateurs, députés, conseillers généraux, conseillers d'arrondissement, et conseillers municipaux; des membres des Tribunaux de commerce et des Conseils de prud'hommes, des membres des Chambres de commerce et des Chambres consultatives des arts et manufactures. Ces frais sont à la charge des communes où se fait l'élection. Ainsi, les chefs-lieux de département sont seuls obligés de supporter les frais de l'Assemblée des électeurs sénatoriaux.

Le département supporte tous les autres frais de l'élection. Cependant la loi du 10 avril 1871 a laissé aux communes les frais d'impression des cartes d'électeurs pour les élections municipales.

28° Part contributive de la commune dans les travaux de défense contre les inondations.

Aux termes de la loi du 16 août 1790, les corps municipaux doivent prendre toutes les mesures nécessaires pour prévenir les désastres qu'entraînent à leur suite les inondations. Il y a donc intérêt pour les communes à prévenir par des travaux défensifs les ravages du fléau; cela rentre même dans l'obligation plus générale imposée par la loi de 1790. Cette obligation a été consacrée par la loi du 28 mai 1858. Cette loi confie à l'État le soin d'exécuter les travaux de défense. Ces travaux sont autorisés par un décret rendu en la forme des règlements d'administration publique, après l'accomplissement de certaines formalités réglées par un décret du 15 août 1858, et parmi lesquelles nons signalerons l'avis préalable des Conseils municipaux, qui doivent être consultés tant sur le mode d'exécution que sur l'utilité des travaux de défense.

Le décret qui ordonne les travaux fait la répartition de la dépense entre la commune et les propriétaires riverains. Le contingent assigné à la commune constitue une dépense obligatoire.

29° Frais de visite des fours et cheminées.

Dans l'intérêt de la sécurité publique, on s'est préoccupé depuis longtemps de la construction et de l'entretien des fours et cheminées ; des règles spéciales ont été établies, auxquelles les propriétaires sont tenus de se soumettre sous diverses pénalités, notamment : la démolition des ouvrages construits en contravention aux règlements.

La loi des 16-24 août 1790, en confiant à l'autorité municipale le soin de prévenir les incendies, lui confère implicitement le droit de prendre dans ce but toutes les mesures qui paraîtront efficaces.

La loi du 28 septembre 1791 en indique une. L'article 9 de cette loi prescrit la visite annuelle des fours et cheminées par des agents municipaux, chargés d'examiner si les règlements sont observés. Les frais de cette visite sont obligatoires pour la commune. Nous devons constater cependant que la loi de 1791 n'est pas souvent appliquée.

30° **Frais de logement du Président des assises.**

C'est un décret du 27 février 1811, sur les attributions et prérogatives des présidents d'assises, qui a déclaré obligatoires pour les communes où siège une cour d'assises les frais de logement du président. Aux termes du décret, s'il n'existe pas au palais de justice ou à l'hôtel de ville des appartements *meublés* et *confortables,* la municipalité doit procurer au président des assises, dans une maison particulière, un appartement meublé et décent, et payer les frais de location occasionnés par le séjour de ce magistrat pendant la durée des assises.

Dans le silence du décret, il faut décider que la dépense d'éclairage et de chauffage des appartements est facultative pour la commune.

L'obligation que nous venons d'indiquer ne pèse point sur les villes qui sont le siège d'une cour d'appel. Le président des assises y conserve simplement son rang de conseiller à la cour, en dehors de la cour d'assises.

31° Matrices des rôles des Contributions directes.

Aux termes de la loi du 2 messidor de l'an VII, les matrices des rôles des contributions directes sont renouvelées tous les trois ans par les soins de la Direction des contributions directes et adressées aux maires, qui doivent les déposer à la mairie où les intéressés peuvent en prendre connaissance.

Les frais, presque insignifiants du reste, qui sont occasionnés par ce travail, sont avancés par les directeurs des contributions directes; mais leur remboursement est obligatoire pour les communes.

32° Dépense du matériel des commissions de statistique, pour les chefs-lieux de canton.

Les renseignements statistiques sont très précieux pour l'administration, qu'ils éclairent sur le résultat des réformes accomplies, sur l'urgence de celles à accomplir. Aussi, presque tous les ministères sont pourvus d'un bureau spécial destiné à recueillir ces renseignements.

Les commissions de statistique, établies dans les chefs-lieux de canton par le décret du 1er juillet 1852, relèvent du bureau de la statistique générale qui se trouve au ministère de l'agriculture et du commerce. Elles sont chargées de fournir les divers renseignements qui leur sont demandés. Les fonctions de membre de ces commissions sont gratuites. Il y a une commission dans chaque chef-lieu de canton. Les frais de matériel, de bureau, etc., sont à la charge de la commune, qui doit en outre fournir un local pour les travaux des commissions. (Art. 22 du décret.)

33° Frais des chambres et dépôts de sûreté.

Les maisons de police destinées à recevoir les individus coupables d'infraction à la police municipale sont à la charge exclusive des communes; leur établissement est facultatif. Mais en tous cas il est obligatoire pour les communes d'avoir une chambre ou un dépôt de sûreté destiné à recevoir les individus qui doivent être conduits devant les magistrats instructeurs, ou transférés dans une maison d'arrêt. (Loi du 28 germinal an VI.)

34° Frais de route des indigents envoyés aux eaux thermales.

Les communes ne doivent aucun secours à leurs indigents. Mais il existe partout des établissements ou bureaux de bienfaisance, chargés de soulager leur misère à l'aide des aumônes particulières et des fonds que les communes ne se refusent jamais à voter dans ce but.

Cependant un décret du 29 floréal an VII (art. 6) impose aux communes l'obligation d'acquitter les frais de route, et même ceux du séjour des indigents envoyés aux eaux thermales. Pour que les indigents aient droit à bénéficier de cette disposition, il faut que leur voyage ait été autorisé par la municipalité. Cette dépense est du reste à la charge exclusive des établissements de secours à domicile que possède la commune. Il faudrait que l'insuffisance de leurs ressources fût démontrée pour que la commune se trouvât obligée.

35° Fournitures d'éclairage et de chauffage aux corps de garde des troupes de passage.

C'est l'État qui doit pourvoir à toutes les dépenses de l'armée; les fournitures d'éclairage et de chauffage des corps de garde devraient donc se trouver à sa charge. Il les supporte en effet lorsque les troupes sont casernées ou établies, même temporairement dans une ville. Mais lorsqu'elles ne doivent y séjourner que peu de temps, lorsqu'elles sont de passage, pour employer les termes de la loi, l'éclairage et le chauffage des corps de garde sont à la charge des communes. La dépense qui en résulte est peu importante, et on comprend bien qu'il serait difficile aux corps de troupes en marche de traîner à leur suite un matériel d'éclairage et de chauffage qui peut être si facilement procuré par les municipalités. La fourniture en question est obligatoire aux termes de la loi du 18 février 1791. (Art. 15 et suivants.)

36° Fourniture du local, des registres et livrets nécessaires aux sociétés de secours mutuels.

Afin de favoriser le développement de l'institution des sociétés de secours mutuels, la législateur de 1850 a, dans un article spécial de la loi du 15 juillet, obligé les communes à fournir aux sociétés de secours *autorisées* le local nécessaire aux réunions des membres de ces sociétés, ainsi que la fourniture des registres d'inscription, de comptabilité, etc., et des livrets qui doivent être remis aux membres de la société. Le but de la loi a été de supprimer pour les sociétés ces menus frais de bureau, d'impression, qui diminueraient dans une certaine proportion les ressources dont elles peuvent disposer et qui trouveront toujours un meilleur emploi.

La même obligation a été imposée de nouveau aux communes par le décret du 26 mars 1852 (art. 29) pour les sociétés de secours approuvées.

Si les revenus ordinaires de la commune étaient insuffisants, la dépense incomberait au département. (Loi de 1850, art. 8.)

37° Contribution à la dépense des travaux intéressant plusieurs communes.

L'art. 72 de la loi du 18 juillet 1837 porte que si un travail intéresse plusieurs communes, les Conseils municipaux seront appelés à délibérer tant sur l'utilité du travail que sur la partie de dépense que chaque commune devra supporter. S'il y a désaccord entre les intéressés, l'article dit que le préfet prononcera, après avoir pris l'avis des Conseils général et d'arrondissement. Cette disposition a été modifiée par la loi du 10 août 1871, qui a conféré au Conseil général le droit de statuer sur les travaux dont nous nous occupons. Mais l'art. 72 précité est encore applicable lorsque les communes intéressées n'appartiennent pas toutes au même département. En ce cas l'utilité des travaux, la part contributoire de chaque commune dans la dépense, sont appréciées par le pouvoir central et il est statué par décret.

La contribution imposée aux communes par ce décret, ou par la décision du Conseil général, constitue une dépense obligatoire à laquelle la commune ne saurait se soustraire que

POSITIONS

I. — Le *praes* était une caution spéciale qu'il ne faut assimiler ni aux *sponsores* ou *fidepromissores* ni aux fidéjusseurs.

II. — L'État n'eut jamais un droit éminent de propriété sur les mines.

III. — Le *manceps* ou *auctor* se portait garant *(praes)* de sa propre dette.

IV. — La *stipulatio argentaria* dont parle la Table d'Aljustrel intervenait entre l'*argentarius* (commissaire-priseur) et l'adjudicataire.

DROIT FRANÇAIS

Droit civil.

I. — Une mine peut-elle être l'objet d'un bail proprement dit? Oui.

II. — Les donations déguisées sous la forme de contrats à titre onéreux sont nulles.

III. — L'hypothèque légale de la femme mariée tombe, après l'année de la dissolution du mariage, sous le coup de l'article 448 du Code de Commerce.

Droit administratif.

I. — L'indemnité de logement qui doit être fournie aux curés ou desservants à défaut de presbytère n'est pas due *principaliter* par la commune.

II. — L'action *de in rem verso* ne peut être exercée contre la commune à raison des engagements pris par le Maire sans l'autorisation du Conseil municipal.

Droit maritime.

I. — Le fréteur par une clause de non-garantie ne peut pas se soustraire vis-à-vis des chargeurs à la responsabilité du fait du capitaine.

Droit pénal.

I. — L'individu condamné par contumace qui se présente ou est arrêté avant la prescription de la peine est déchargé, même dans le passé, des déchéances dont il avait été frappé.

II. — L'homicide commis en duel n'est ni un crime ni un délit aux yeux de la loi.

Histoire du droit.

I. — L'invention de la lettre de change doit être attribuée aux nécessités du commerce.

Vu par le Doyen de la Faculté :

A. COURAUD.

Vu par le Président de la Thèse :

H. BARCKHAUSEN.

Vu : *Le Recteur,*

H. OUVRÉ.

Les visas exigés par les règlements ne sont donnés qu'au point de vue de l'ordre public et des bonnes mœurs.

TABLE DES MATIÈRES

DROIT FRANÇAIS